複雑な課題を
解決する
ための

物流トータル・マネジメントの基礎

BASIC LOGISTICS MANAGEMENT

株式会社
日本能率協会コンサルティング 監修

小澤勇夫 編著

広瀬卓也／沼田千佳子／刈谷優孝／
三鍋遼大／篠原暁／千葉大志／
茂木龍哉／河合友貴／武田啓史 著

税務経理協会

はじめに

　近年、私たちの社会は政治、経済、文化、技術の多岐にわたる側面で劇的な変革と進展を見せています。物流分野もこの変化の影響を受け、新たな課題と機会を迎えています。特に、労働力不足が深刻化する中で、輸配送や荷役といった物流業務の効率化や自動化が不可避の課題となっています。一方で、企業は競争力を維持し経済全体を発展させるために、グローバル規模での効率的な供給網の構築と最適化を急務の課題として認識し始めています。

　この書籍は、物流の理解と改革を進めるための基本書として企画されました。物流が直面する人材不足や環境への影響といった課題に対する具体的かつ効果的な解決策を提供することを主目的としています。物流の新時代を迎えるにあたり、企業がビジネスモデルやニーズに適した革新的アプローチを見つけ出せるよう、有益な情報と知見を提供できることを目指しています。

　本書では、これらの課題を解決するための新技術の導入や人材育成といった実践的な手法を体系的に解説します。さらに、最新の動向やトレンドを織り交ぜながら、サプライチェーン全体の最適化や持続可能なビジネス展開の視点からの洞察も提供します。経験豊富な専門家としての知見を基に、読者が物流改革を深く理解し、次世代のイノベーションにつなげる能力を高めることができるよう努めています。

　この書籍は、（株）日本能率協会コンサルティング（JMAC）の実績あるコンサルタント陣によって執筆されました。JMACのミッションである「現場から企業と社会を変えよう」という信念の下、物流のトータルマネジメント手法を分かりやすく、かつ効果的に説明しています。そし

てこの著作は、物流のプロフェッショナルだけでなく、ビジネスリーダー、学生、そしてこの分野に興味を抱くすべての読者にとって、物流改革への理解を深め、次世代の革新を創出するための貴重な指針となることを目指しています。

　今まさに進行中の物流改革の波は、読者の皆様一人ひとりに新たな価値と可能性をもたらすものと確信しています。私たちは、この書籍がそのきっかけとなることを心より願っております。今後とも物流が継続的な発展と繁栄を遂げる手助けとなるよう、全力でサポートして参ります。

令和６年１月　著者代表　小澤　勇夫

Contents

2

Contents

I 物流の定義

1 物流とは

　物流は、「物的流通」という言葉を省略したものと言われています。英語では「Physical Distribution（フィジカル・ディストリビューション）」という言葉が該当します。「物的流通」という言葉が示すとおり、「流通活動」の中に位置付くもので、「物的流通」と「商的流通（商流）」という言葉と対になって語られることが多くあります。

　日本における物流という概念は、戦後の高度経済成長期に、政府主導でアメリカの「Physical Distribution」の考え方を取り入れたことがはじまりだと言われています。1960年代には旧通産省内で、「物的流通調査委員会」が設置され、「物的流通というのは、製品を生産者から最終需要者に移転する活動をいい、具体的には包装・荷役・輸送・保管及び通信の活動からなる」と定義されています。

　「物流」には、大きく「有形財の物流」と「無形財の物流」（エネルギー流通や情報流通などを指す）がありますが、一般的には「有形財の物流」のことを指すことが通常です。有形財の物流を対象として、「物流の5大機能」と言われるものがあります。

〔図Ⅰ－1〕

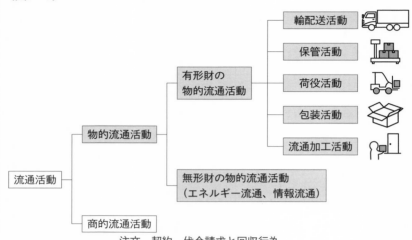

注文、契約、代金請求と回収行為

　旧通産省で定義されたものがベースとなっていますが、具体的には、
「輸配送」「保管」「荷役」「包装」「流通加工」の5つが5大機能として
定義されています。また、特に前半3つの「輸配送」「保管」「荷役」を
対象として3大機能という言い方もあります。

　詳細は後述する別の章で説明しますが、それぞれの機能の役割は以下
のように整理されます。

　①輸配送　…自動車・鉄道・船舶・航空機・その他の輸配送手段によって
　　　　　　　貨物の移動を行うこと

　②保管　　…保管とは、倉庫に貨物を保存し、管理することで、単なる貯
　　　　　　　蔵だけではなく在庫管理も含む

　③荷役（にやく）

　　　　　　…保管と輸配送の両端にある貨物の取扱活動をいい、貨物の
　　　　　　　積み替えを主としたもの

　④包装　　…貨物の輸送・保管などにあたって、そのものの価値や状態を

保護するために適切な材料・容器などを貨物に付与する技術、及び付与した状態をいい、個装・内装・外装に分けられる

⑤流通加工…物流の過程において、貨物に付加価値を与えること（例：倉庫で商品におまけのノベルティを付ける　など）

　では一般的に物流センター・倉庫における仕事の流れは、どのようになるでしょうか。〔図I-2〕が一般的な流れになります。

〔図I-2〕

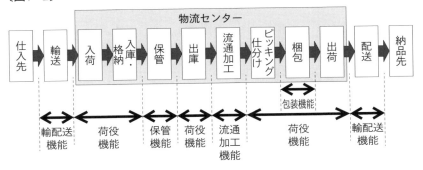

　仕入先から商品が運ばれてきて、物流センターに入ります。荷物をトラックなどから下ろして、物流センター内のものとして認識することを「入荷」と言い、保管棚などに置かれることを「入庫・格納」という言い方をします。

　同様に、荷物を棚から取り出すことを「出庫」、物流センターから出ていくことを「出荷」という切り分けをして使うことがあります。

　入荷時、出荷時にはそれぞれ、ものが正しいかどうか、品質に問題がないかなど、検査作業として「入荷検品」、「出荷検品」といった仕事がセットで行われることが多くあります。

　出庫された商品には、前述の「流通加工」や「包装（梱包）」が必要に応じて行われます。また、向け先ごとの必要量をピックアップする、

「ピッキング」作業も、荷役作業の中で重要な役割を占めています。向け先が自社の別の拠点や、顧客の倉庫などであれば、パレット単位などでまとめてピッキング作業が行われますし、消費者の自宅などであれば、注文数分だけバラでピッキングする必要があり、より細かく時間がかかりやすいことになります。なお、ピッキングと同様に、出庫したものを向け先別に仕分けをするという作業もよく発生する業務になります。

　ここで、「輸配送」機能のところで、「輸送」と「配送」に分けた記載があります。これは顧客へ商品を運ぶところを「配る」という意味を込めて「配送」、それ以外の社内における倉庫間の転送作業や材料の運搬といった機能については「輸送」と使い分けています。「輸送」は社内物流のため効率化を主に管理し、「配送」は顧客サービスの一環のため、サービス充足を第一に管理していく必要があります。

　もう１つ、物流における捉え方の区分としてあるのが、対象領域です。製造業をベースで記載すると、〔図I-3〕のようになります。

〔図I-3〕

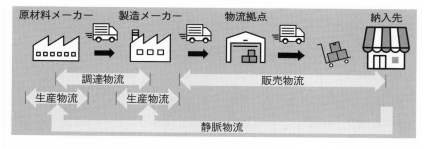

①調達物流…製品を製造するために、原材料や資材をサプライヤーから
　　　　　　購入する際に発生する物流のことを言い、海外や国内の原
　　　　　　材料・資材メーカーから工場納入までが対象。
②生産物流…工場での原材料・資材の受入から、製品の製造・保管、工場

からの出荷まで、製造にかかわる全ての物流と、工場から
各拠点倉庫までの輸送を言う。また、拠点倉庫間同士の製
品移動（横持）も対象となる。

③販売物流…各拠点倉庫から、量販店や小売店へ製品を納めるまでの物
流が対象。ここでは、拠点倉庫からの直送や、営業所経由な
ど、様々なルートに分かれる。また、営業所間同士の製品移
動や返品に伴う物流も対象となる。

④静脈物流…製品の廃棄やリサイクルに伴う物流を言う。パレット、ドラ
ム、コンテナなどの容器回収や返品に伴う物流も含まれる。

　「物流について考える」時には、販売物流に関して議論されることが
多いですが、調達物流や生産物流、静脈物流なども含めた、トータルと
しての物流効率化・改善を検討していくことが重要だと言えます。

　このように、有形財を取り扱う製造業や卸売業、小売業など、多くの
事業において、様々な場面で「物流」が発生しています。そのため、物
流が機能しないと、供給が滞ってしまうなど、事業が成り立たない事態
に陥ってしまいます。様々な企業の事業運営に欠かせない機能として
「物流」が存在することを理解しておきましょう。

2 ロジスティクスとは

　「物流」「ロジスティクス」「サプライチェーンマネジメント（SCM）」
は、似たような概念として認識されることが多く、共通の定義がされな
いまま、会話だけが進んでいるということがよく発生しています。その
ため、「物流」「ロジスティクス」「サプライチェーンマネジメント
（SCM）」のそれぞれの考え方について、整理していきたいと思います。

「ロジスティクス（Logistics）」という言葉は、元々軍事用語として使われている言葉です。日本語訳では、「兵站（へいたん）」という言葉が該当します。

　ロジスティクスは、意味としては、軍事物資の管理組織を指し、アメリカ軍の規定によれば、「ロジスティクス」には軍需資材の発注、生産計画、購入、在庫管理、流通輸送、通信のほかに規格化や品質管理など、軍の作戦行動に必要な物流管理の全てが含まれるとなっています。

　軍事の場合、勝敗を決するのは、戦力の大きさの問題はもちろん存在しますが、それ以外に、最前線で活動している部隊に対して、武器や弾薬などの資材が、必要な時に必要な分だけ届けられるかどうかが、大きな要素と言われます。ロジスティクスが要ということです。

　こうした考え方を、ビジネスに適用しているのが、「ビジネス・ロジスティクス」で、生産から消費にいたる物の流れを合理化することを目指しています。

　具体的な目的は、商品（製品・資材・サービスパーツ）、人材、情報を、ビジネスの最前線にいかに効率よく供給するかであり、このために調達・生産・保管・荷役・輸配送・販売・情報伝達を1つのシステムとして捉え、企業として最適なシステムを作り上げることを意味します。

　システム化されていない状態では、保管、仕分け、梱包、荷役、配送などの業務が、独自の慣習や都合によって行われており、各業務や機能トータルの有機的な繋がりが薄くなっています。後処理型物流とも言われる状態です。一方、システム化された状態では、それぞれの業務がトータルな視点で有機的に結び付けられており、設備や情報システムが有効に活用され、効率化されています。また、メーカーや卸売の都合や情報にしたがって機能しているのではなく、その先の顧客や消費者ニーズを起点にして機能している状態です。

物流とロジスティクスを比較すると、物流は仕事（業務）として存在するそれぞれの機能そのものを表していますが、ロジスティクスは、それらの仕事をいかに最適なものに近づけていき、最終的に事業の競争力を高めていくことだと認識すると良いと思います。

　企業における事業競争力を決める要素としては、「供給競争力」「価格競争力」「商品競争力」「販売競争力」といったものがあります。ロジスティクスの目的が、事業競争力を高めることであるとすると、これらの競争力に寄与するような取り組みが、求められます〔図Ⅰ-4〕。

〔図Ⅰ-4〕　競争力とロジスティクスの役割

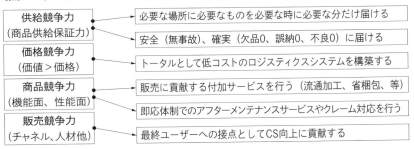

　「必要な場所に必要なものを必要な時に必要な分だけ届ける」という考え方は、供給の競争力を高めることに繋がりますし、物流の各機能においてムリ・ムダ・ムラを発生させずに、「トータルとして低コストのロジスティクスシステムを構築する」ことが価格競争力に繋がっていきます。

　このように、事業競争力を高めるために、生産から消費にいたるまでの各機能をどう連携させながら、レベルアップを図っていくかが、ロジスティクスにおいて求められることになります。

　例えば、販売機能との関係でロジスティクス高度化のテーマを挙げるとすると、以下のようなものが想定されます。

・欠品率を減らして機会損失を減らせないか

・配送リードタイムを短くして、店頭在庫を適正化できないか

・売れるアイテムだけを出荷して返品を減らせないか

・受注締め時間を変えて現場の効率を上げられないか

・販売予測精度を向上させ売れるものだけを生産できないか

同様に、生産機能との関係では、以下のようなテーマが想定されます。

・生産リードタイムを短縮化して、安全在庫を減らせないか

・生産ロットを小ロット化することで在庫を減らせないか

・輸送ロットを最適化して荷役作業の効率化が図れないか

・生産計画を短サイクル化して、より引き付けた情報で生産計画が組めないか

・不良率を削減し安定生産を図ることで、欠品・納期遅れを減らせないか

調達機能においても以下のようなテーマが考えられます。

・販売計画をもとに、適正な部品や材料を発注できないか

・納入リードタイムを短縮化して部品や材料の安全在庫量を減らせないか

・生産進捗情報を使って最適な納入タイミングを設定できないか

・納入ロットを小さくして部品や材料の在庫を減らせないか

・複数のサプライヤーからの納入により、リスク低減や価格低減に繋げられないか

このように、幅広い領域でロジスティクス最適化に向けた取り組みがあることを認識いただけたと思います。

では、ロジスティクス改革はどのように進めていくのでしょうか。〔図 I－5〕をご覧ください。

〔図I-5〕

| レベル3．プロセス（構造）そのものの省略・変革 | ：ネットワーク構造再構築／
制約条件の打破／物流共同化 |

| レベル2．各プロセスでのパフォーマンスの向上 | ：現場の生産性向上／顕在化ロ
スの撲滅／車輌三元車向上／
スペース効率向上 |

| レベル1．投入する基準単価、コスト料率の低減 | ：委託業者編成の定期的な見直
し／他社ベンチマークの活用
による料率査定 |

　改革の取り組みには３つのレベルがあります。まずレベル１では物流をはじめとする、各機能を担っている原単位あたりの単価水準を、下げるような取り組みがあります。委託業者との間の交渉や、複数業者との相見積もりによる競争環境の設定などが考えられます。ただし、昨今の環境下ではこうした取り組みによる成果創出が難しくなってきているのが実際です。

　次にレベル２では、各プロセスでの生産性を高めて、効率を上げていくことが想定されます。誰でもできる標準的な作業方法の確立や、ピッキング作業自動化などの取り組みが考えられます。

　最後にレベル３では、ロジスティクスの構造・プロセス自体を変革するアプローチになります。拠点編成の再編や、現状の仕事におけるボトルネックとなっているような制約条件の打破などにより、今までの前提にとらわれない大きな変革を検討するものです。

　このように、レベルが高くなると難易度も上がりますが、成果も大きくなることが想定されるので、どのレベルの改革を実施していくか、必要性や実現性を踏まえて決めていくことが重要となります。

3 SCM とは

SCM は、「サプライチェーンマネジメント（Supply Chain Management）」の略で文字通り Supply Chain（SC: 供給連鎖）のマネジメント手法全体を指す概念です。

サプライチェーンとは、供給者から消費者までを結ぶ、開発・調達・製造・配送・販売という一連の業務の繋がりをいいます。サプライチェーンには、メーカー・運送事業者・卸売事業者・小売事業者・エンドユーザーといったプレーヤーが存在し、エンドユーザーなど川下側から発せられる需要情報が「需要の連鎖」として川上であるメーカー側に伝えられ、その情報をもとに製品・サービスといったモノが川上側より「供給の連鎖」として生産・流通されていくこととなります。「需要の連鎖」は情報の流れを表し、「供給の連鎖」がモノの流れを表します〔図 I－6〕。

〔図I－6〕

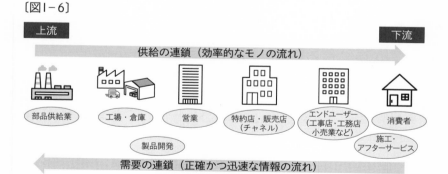

SCM とは、こうしたサプライチェーンにおけるそれぞれの業務効率を高める経営手法であり、以下のように定義します。

「顧客に対する満足度」及び「顧客に提供する価値」が最大となるビジネスモデルを構築するために、サプライヤーからエンドユーザーまでの全てのプロセスにおいて「プロセスの業務改革」及び「プロセスのインテグレーション」を行い、モノと情報の流れの効率化を図り、卓越したサプライチェーンの構築と運用を行う経営管理手法である。

　これまで説明してきた、「物流」「ロジスティクス」との関係性では、ロジスティクスの概念に加えて、単独の企業を超えたサプライチェーン全体を対象に、他社プレーヤーを巻き込んだ取り組みを検討することが挙げられます。さらに、モノの流れだけでなく、情報の流れに着目して、全体最適化を図ることを志向しており、情報システムを含めたソリューションにより管理レベルを高めていく取り組みも追加されていると認識できます。

　日本における物流・ロジスティクス・SCM の変遷をまとめると以下のようになります。

〔図Ｉ－７〕

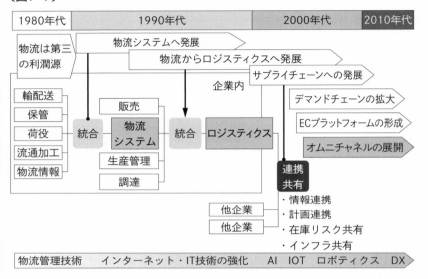

環境変化が激しい現代において、旧態依然とした体制でビジネスを
行っていては、需要の変動等により商品が売れ残って過剰在庫・死蔵在
庫化してしまう一方で、供給側が追い付かず品切れが起こってしまうと
いったことが多々発生する可能性があります。すると結果として、
キャッシュフローが悪化し、多くの運転資本が必要となり、場合によっ
ては損益計算書上では黒字であるにもかかわらず、資金繰りに失敗し
て、倒産に追い込まれるといった事態にもなりかねません。

　SCM の目的は、こうしたリスクと収益性のトレードオフを見据えな
がら、会社さらにはサプライチェーン全体のキャッシュフローを最大化
させることにあります。

　在庫リスクを最小限に抑えて運用しようとすると、それに反比例して
管理コストが増大します。管理コストの増大は収益性悪化の要因になり
ますが、SCM を進める上で重要な点は、市場動向の観測とそれに呼応

した柔軟な供給体制を敷くことで、品質・コスト・納期のQCDサービスレベルをどこまで向上でき、機会損失を抑制することによって、どれだけ売上高を拡大できるかということにあります。

　これらに加えて、昨今テーマとしての重要性を増している環境への対応、地震や洪水といった事業継続リスクに対する取り組みとしても、SCMが果たすべき役割がたくさんあると言うことができます。

　SCMの改革を考える上で重要になるのが、「情報の流れ」と「モノの流れ」を阻害する要因が何かということです。
　「情報の流れ」を阻害するのが、需要変動と意思決定階層数です。
　需要変動とは、元々の販売計画や生産計画に対して、実際の需要量が変化することを言います。この変動に対して供給側が対応できないと、欠品や過剰在庫といった問題が発生することになります。需要変動は、製品の多様化、市場のグローバル化などとあいまって、バラつきが大きくかつ予測困難なものとなっています。しかしこうした環境の中であっても、より精度の高い情報をいかに手に入れるかがポイントとなります。情報取得の際には、その情報取得の頻度や取得先、取得情報の種類の工夫が必要となります。
　一方の意思決定階層数は、ブルウィップ効果と言われるSCMの理論と関係があります。ブルウィップ効果とは、エンドユーザーからの需要情報が最終的にメーカーへの発注情報として伝わるまでの間に、いくつかの意思決定を経ることで増幅してしまうというものです。

〔図I-8〕

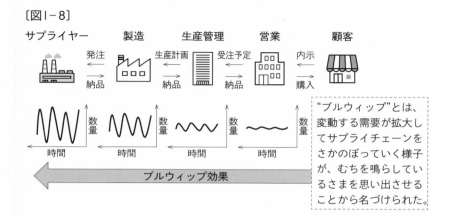

"ブルウィップ"とは、変動する需要が拡大してサプライチェーンをさかのぼっていく様子が、むちを鳴らしているさまを思い出させることから名づけられた。

　サプライチェーンにおける具体例としては、消費者の需要量が100あったとします。それに対して、小売店が販売予測を行い、欠品防止のために余裕をみて110の仕入を行う判断をします。小売店から110のオーダー情報のみを受けた卸売店は、小売店のオーダーが増える可能性を見越してさらに余裕をみて125の仕入をメーカーより行います。続いてメーカーが卸売店からの情報のみを受け取ると、生産計画としてはまた余裕をみて150の生産指示を出すといったことが起こりうるのです。実際のエンドユーザーの需要100に対して、あいだで意思決定を挟むことでメーカーでは150の生産を行ってしまい、50は過剰に生産してしまうことになります。これがブルウィップ効果です。

　このブルウィップ効果に対する対策としては、サプライチェーンにおける下流の生の需要情報を川上側まで共有させる必要があります。前述の例においては、顧客の需要量を予測した100という情報をメーカーでも共有するといったことになります。

　一方、モノの流れを阻害する要因には、工程数と、ボトルネックが影響すると言うことができます。

　製造を行う中で、工程数が多いとその工程間に発生する仕掛在庫数も

多くなりがちになることは皆さんも経験から分かると思います。

　もう一方はボトルネックです。ボトルネックとは、作業工程の中で最も能力が低く、制約となっている箇所のことを言います。ボトルネックとなっていない工程やサプライチェーンの機能をいくら短縮しても、部分最適になってしまい、その効果は限られたものになってしまいます。したがって、まずはボトルネックを明らかにするために、サプライチェーン全体のモノの流れが「見える化」される必要があります。工程の見える化はもちろんですが、その範囲はその源流である商品設計やビジネスモデル自体まで遡って考えることが求められます。

　SCM の対象範囲は最初のサプライヤーからエンドユーザーに至るまでのプロセスに関わる全てのプレーヤーが対象となります。さらに既存のサプライチェーンの各プロセスを変革するだけにとどまらず、新規事業や新規市場への進出に伴うサプライチェーンの新規構築や再構築も対象となります。このように考えると、SCM は生産管理部門や物流部門といった個別部門の取り組みではなく、事業全体さらには経営全体のテーマとして設定される必要があります。

　さらに言えば、現代の複雑で変化の激しい環境の中では水平分業体制が進み、サプライチェーンに関わるプレーヤーは、自社内だけではなく複数企業にまたがっていることがほとんどです。したがって、SCM は複数の会社全体を最適化するテーマとして位置づけられるものとなります。しかし実際には、SCM の本来のコンセプトである企業を跨いだ改革は、その改革成果に対する各社の取り分の取り決め（ゲインシェアリング）等の仕組みが決められず、一部機能のみの連携や自社内にとどまった取り組みとなってしまっているのが実情です。

4 物流の社会的役割

　前述したとおり、「物流」は、製造業や小売業などをはじめとする、多くのビジネスにおいて不可欠な役割を果たしています。生産した製品を適切な時期に適切な場所に届けることができるかどうかは、企業の競争力に大きな影響を与えます。物流が円滑に機能することで、企業は顧客へのサービス提供を改善し、業務効率化を図ることができます。また、物流最適化は企業の費用削減にも繋がります。例えば、物流の改善により輸配送コストの削減や在庫コストの削減が可能となり、企業の利益を向上させることができます。

　物流における最も重要な社会的役割は、消費者に商品を提供することです。必要なものを必要な時に必要な場所に届けることで、消費者が日常生活を不便なく過ごすことができています。

　現在の日本は、世界の中でも有数の消費社会であり、巷にはありとあらゆる商品やサービスが溢れており、これら全ての背景に、様々な物流が存在しています。

　また、インターネットによる電子商取引が拡大していますが、当然ながら、物流の世界はそのまま残り、むしろ自宅まで届けるというラストワンマイルの物流がさらに増えることに繋がります。新興企業が、新たなビジネスモデルを構築しても、それは商流においてであり、物流は極めて重要な戦略課題として残り続けている場合がほとんどです。

　消費者目線では、普段はあまり意識することが少ないですが、災害時や社会的混乱が発生した際に、物流が必要な物資を迅速に現地に輸送することで、被災地の人々の生活を支援します。また、災害によって被害を受けた地域での復興支援にも貢献します。

　2020 年 4 月の COVID-19 による緊急事態宣言では、多くの経済活

動が停滞していた中で、「エッセンシャルワーカー」の1つとして、物流業界で働く人々にフォーカスがあたりました。特に、外に出づらい状況の中で、自宅まで荷物を運んでくれる存在のありがたさを、身に染みて感じた方も多かったのではないでしょうか。

　ただ、これまでの物流に携わるプレーヤーに対する評価は、比較的"裏方"の役割を果たすため、なかなか評価（感謝）され難い領域でした。

　「店頭に商品が並んでいて当たり前」「誰かがやってくれているから任せておけばよい」「なぜ指定通りの時間に届かないのか」といった評価が、消費者目線での本音ではないでしょうか。

　こうした背景もあり、物流業界は根深い問題構造を抱えています〔図Ⅰ-9〕。

〔図Ⅰ-9〕

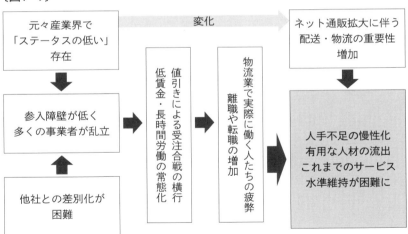

「物流業界は、もともと産業界でステータスの低い存在」であり、競合他社との差別化が難しく、多くの事業者が乱立してきました。その結果、競争が激化し、唯一の競争軸となった価格面で、値引き合戦が横行

する時代が長く続きました。企業としては利益を出す必要があるので、低賃金・長時間労働が常態化してきました。結果的に、物流に携わる人材の疲弊感が大きく、離職・転職が増えているという状況です。

　そうした状況だったところに、EC 取引の増大などを中心に、荷物量が急激に増加してきたという環境変化が重なって、「物流危機（クライシス）」と言われるひっ迫した状況になっています。〔図I－10〕に示すように、トラック運転手の有効求人倍率は、他の業種と比べて約 2 倍程度になっており、ひっ迫度合いが見て取れます。

〔図I－10〕　トラック運転手の有効求人倍率

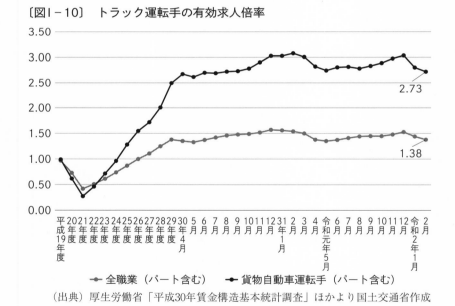

（出典）厚生労働省「平成30年賃金構造基本統計調査」ほかより国土交通省作成

　さらに、政府による働き方改革の取り組みから、物流業界は長時間労働の是正を求められ、「2024 年問題」と言われる、事業の継続性に関わるような問題に発展してきています。

　こうした状況を踏まえて、社会全体で物流の継続性を確保するための

抜本的な取り組みをしていくことが求められています。

　例えば、以下のような課題が想定されます。

・同業他社・異業種を問わない共同配送・共同物流の取り組みの加速化

・ラストワンマイル配送の企業的物流からの脱却（個人による配送代行）

・物流ネットワーク構造の見直し

・倉庫拠点の自動化＋作業標準化

・誰でも働ける環境を目指した重筋労働低減の取り組み

・大規模物流拠点投資拡大

・自動運転等による輸配送の省人化

・AI 等を活用した最適な配車・作業指示

・ロジスティクスサービス水準の抜本見直し

　これらは、短期から中長期にかけて、確実に推進されていく課題だと考えられます。

　これまで国内の話を中心にしてきましたが、物流の社会的役割は、国際社会でも非常に重要です。国際物流が国際貿易を支えていると言っても過言ではありません。国境を越えて様々な物品を輸送し、海外市場に流通させることで、企業のグローバル展開や国際貿易の促進を実現しています。

　国際物流は、様々な言語や文化、規制などが複雑に絡み合う中で、最適な体制を構築していくことがポイントとなります。

　物流の社会的役割は、上記のように多岐にわたって重要なものとなっています。しかし、物流には環境負荷がかかることも事実であり、サステナブルな社会を見据えた際に、環境負荷に対する取り組みも必要となっています。

脱炭素の取り組みの中では、SCOPE3 と言われる、サプライチェーン全体での CO_2 排出量を管理・削減していくことも求められており、モーダルシフト（輸送手段の変更）をはじめとした取り組みも、今後の課題となっていきます。

　以上のように、物流は私たちの生活やビジネスに欠かせない重要な要素であり、社会的役割を果たすことが求められます。私たちが日常的に利用している様々な商品が、スムーズな物流によって私たちの手元に届けられていることを忘れず、物流に関わる人々の努力と貢献に感謝し、課題解決に向けて取り組んでいくことが求められます。

II 物流の基本機能

1 運送・輸配送とは

　物流におけるコストが最もかかるのが、「輸配送」です。物流コスト全体の50％を超える割合が輸配送に関わる費用だと言われています。そのため、輸配送に携わる物流のプレーヤーも数多く存在しています。

　前述したとおり、「輸送」は、「貨物を鉄道車両、トラック、船舶、航空機、その他の輸送機関によって、ある地点から他の地点へ移動させること」と定義され、「1次輸送」や「積送」とも言われます。英語では、「Transportation（トランスポーテーション）」という単語が割り当てられます。

　同様に、「配送」は、「貨物を物流拠点から荷受人へ送り届けること」と定義され、顧客に貨物を届ける配達の意味に近い概念で使われることが一般的です。貨物の所有者が需要者に移る「2次輸送」という言葉も使われます。英語では、「Delivery（デリバリー）」という単語が該当します。

　また、「運送」という言葉が出てきましたが、これは主にトラックなどの車で輸配送をする際に用いられる表現となっています。

　日本国内における輸配送手段としては、トラックが圧倒的で全体の90％以上を占めると言われています。その他の手段としては、航空機や船舶、鉄道といったものがあります〔図II−1〕。

〔図II-1〕

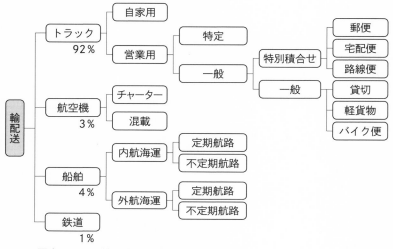

※％は国内における輸配達手段別物量割合を示す。

　一方海外への物流手段としては、主に船舶と航空機が主となり、船舶
の割合が高くなっています。船舶と航空機の詳細については、後述しま
す。

　国内の輸送手段のメインとなるトラック運送においては、様々な型式
のトラックが存在します。

　まずは車格の区分として、2t（小型）車、4t（中型）車、10t（大型）
車、トレーラーといった区分があります。実際にはトラック1台ごとで
最大積載量には差がありますが、主な区分けとしては上記のような形が
一般的です。

　日本国内では、2t車から10t車での輸配送が多くなっていますが、米
国など海外では、輸出入で使われた海上コンテナをそのままトレーラー
に積んで運んでいく形式も多く存在しています。日本でもトレーラーは
活用されていますが、道路事情などにより、コンテナから積み替えを余

儀なくされるケースも起きています。

　また、ボディ（荷台）の形式として、いくつかのパターンがあります。

〔図Ⅱ-2〕をご参照ください。

〔図Ⅱ-2〕

ボディ分類	トラック種類別 主に用いられるボディ					イメージ
	大型	中型	小型	軽	トレーラー	
平ボディ／ユニック車	○	○	○	○		荷台がフラットなトラック 屋根がなく積卸し容易 クレーンが付いたユニック車も存在 
バンボディ	○	○	○			荷台が箱形のトラック 平と比べ、風雨耐性あり 平より重量は増加する 
ウイングボディ	○	○				ボディ側面が開くバンボディ 積卸容易だが、クレーンは使用できずフォークリフト要 
冷凍冷蔵庫	○	○	○			冷凍・冷蔵装置が付いたトラックで、食品等の輸送時鮮度を維持可能 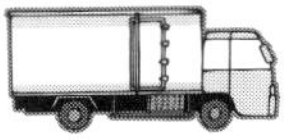
セミトレーラー					○	単体では輸送機能を持たないセミトラクタにセミトレーラーを連結したもので、日本では一般的 
フルトレーラー					○	トラック同様輸送機能を持つフルトラクタにフルトレーラーを連結したもの 

平ボディは、荷台がフラットで屋根がなく、積込・積卸しがしやすいことが特徴です。金属部材や大型の樹脂部材など、素材系の運搬によく使われています。建築現場など、フォークリフトが存在しない現地での荷卸しのために、ユニックというクレーンが付いたタイプも存在しています。

　バンボディは、よく見かけることが多い荷台の形式ではないでしょうか。箱型のため、風雨を避けて運ぶことができ、小売店などに運ばれる段ボール梱包された商品などの運搬がイメージしやすいでしょう。

　バンボディは荷台の後ろから出し入れするのに対して、横から開くのがウイングボディで、積込・積卸しがしやすいのが特徴です。ただし、フォークリフトでの作業が前提になります。

　冷凍冷蔵車は、冷凍やチルドと言われる温度帯の商品を運ぶために使われ、文字通りボディが冷蔵庫、冷凍庫になっているものです。

　トレーラーは、ボディ部分を連結させて運ぶものになります。

　その他、トラックの種類としては、オプションとして付属されるものとして、荷台から床の高さまで昇降するテールゲートリフター（パワーゲート）や、ダンプ形式でボディが脱着できるもの、荷台内の搬送を自動化するものなどが存在しています。いずれも、荷役作業を省力化するための機器と認識できます。

　これらは、いずれも荷物の特性を踏まえて選定することとなり、特殊な特性になると、運べるトラックも限定されることに繋がります。したがって、できる限り標準的なトラックを活用できるような、荷姿の設計、積卸し条件の緩和などを検討していくことが求められます。

　次に、トラック運送業者との契約について、説明していきます。トラック運送においては、自社で自社の荷物を運ぶ場合と、物流事業者に委託して運んでもらう場合が存在します。物流事業者への委託で実施し

ていることが多いのが現状です。なお、他社の荷物を運ぶ場合には、一般貨物自動車運送事業をはじめとする許可がなければいけません。

では、物流事業者へ委託する場合には、どのような契約を結ぶのでしょうか。一般的には大きく2つの形式があり、1つは「車建」と言われる1車あたりの貸切運賃の設定のパターンです。これは車自体を貸切るので、荷台にどれだけの荷物を載せても費用は変わらず、車格や向け先によって設定される運賃です。

もう1つは、「個建」と言われる運賃形態で、トンキロ（重量×距離）で設定されたタリフ（運賃表）を用いて計算されるものです。重量の部分は、容積で設定される場合や、路線便などでは1個口と言われる個数単位で設定されることもあります。個建運賃は、貸切便の際にも用いられますし、混載便においても用いられる運賃形態になります。

なお、ここで言葉の出た、貸切便や路線便などの運賃設定の考え方を〔図II-3〕に示しますので、合わせてご確認ください。

〔図II-3〕

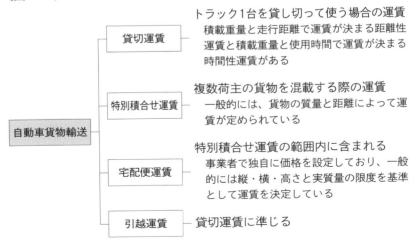

		トラック1台を貸し切って使う場合の運賃
	貸切運賃	積載重量と走行距離で運賃が決まる距離性運賃と積載重量と使用時間で運賃が決まる時間性運賃がある
自動車貨物輸送	特別積合せ運賃	複数荷主の貨物を混載する際の運賃 一般的には、貨物の質量と距離によって運賃が定められている
	宅配便運賃	特別積合せ運賃の範囲内に含まれる 事業者で独自に価格を設定しており、一般的には縦・横・高さと実質量の限度を基準として運賃を決定している
	引越運賃	貸切運賃に準じる

混載をする路線便や宅配便については、価格がある程度決まっている
ため、業者比較で、納期などのサービスレベルを踏まえた上で、最安値
を選定することが適正化のポイントですが、貸切便の場合には、いかに
その車両を使い切る（積載率を高める）のかがポイントになります。個
建であっても単価水準を決める前提には、想定される標準積載率がある
はずなので、使い切ることで単価自体の見直しに繋がる可能性がありま
す。

　前述したとおり、昨今の物流を取り巻く環境では、トラック運転手の
人手不足により、運賃は大きく値上げ方向にシフトしており、単純な交
渉や相見積もりによる価格交渉は通用しなくなっています。

　生産拠点・物流拠点を含めた輸配送構造の抜本的な見直し、顧客との
間の適正な物流サービスレベルの再設定、情報システム・AI等を活用し
た最適な配車計画等を検討し、輸配送管理のレベルアップを図っていく
ことが重要です。

2 ｜ 倉庫・荷役とは

　物流におけるコストの中で、「保管」費用が、全体の15％強を占めて
おり、「荷役」作業も同等レベルのコストがかかっていると言われてい
ます。

　「包装」や「流通加工」を含めて、「輸配送」以外の物流業務は、基本
的に倉庫（物流センター）の中で行われており、倉庫における仕事の改
善も、物流における大きな課題として認識する必要があります。

　倉庫における大きな方向性としては、人手不足を背景に、これまで労
働集約的に行われていた仕事を、設備投資などを通じて自動化・省人化
を図っていく方向にシフトしてきています。そのため、荷主や物流事業
者が物流センターを構築するだけでなく、不動産業者や投資を目的とし

たプレーヤーが、資金力を背景に、自動化の進んだ建屋と設備を用意し、そこに物流事業者が作業請負として入居するという構造も増えてきています。上記は、不動産投資信託（REIT）と呼ばれます。

　それでは、まず「保管」に関わる機能について、説明していきます。

　荷主が倉庫を借りる場合、保管料の設定は、一般的に〔図II−4〕に示すようなパターンに区分されます。

〔図II−4〕

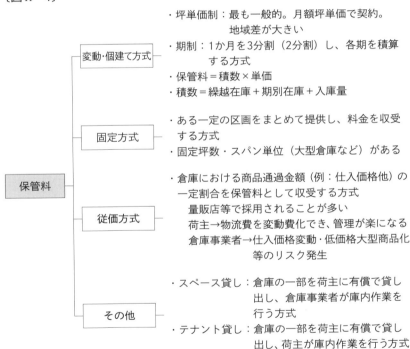

　坪単価制が最も一般的で、必要保管量に応じて借りる坪数を決める方式です。また、「期制」と言われる、1か月を10日単位などの期に分けて、前期の保管数量と当期入庫の合計数量を「積数」として計算し、1個あたりの保管料単価を掛けて算出する方法もあります。

保管方法は、「平置き」と言われる地面に直接置くパターンもありますが、多くの場合は保管機器を活用して保管されてます。

　限られたスペースを有効に活用するためにも、有効な保管機器の選定は、重要な検討になります。

　具体的には、大きく、中・小物の保管と大物保管の機器があります。中・小物は、バラやケース単位の保管、大物はパレットもしくはそれ以上のサイズの保管を想定しています。

　中・小物の保管では、以下のような保管機器が採用されています。

中量棚…人の身長程度の高さで、一般的にはスチール製で、縦横に間仕切りがしてあるもの。

移動シェルフ…中量棚の床面にガイドレールが敷いてあり、そのレール上を棚が動くことで高い保管効率を実現する。図書館などで長期に蔵書するものなどを保管する場合に使っているものと同様。

フローラック…背面から前面に掛けて傾斜があり、商品の先入れ先出しがしやすい構造。背面から入庫し、前面から出庫を行う。

バケット自動倉庫…プラスチックコンテナなどの荷姿で、標準化された置場が設計されており、自動運搬機器を使って、入出庫を自動で行う設備。

　同様に、大物の保管では、以下のような保管機器が採用されています。

パレットラック、ネステナー…パレット単位での段積みが可能となるように、パレットサイズの間口を縦横に重ねて保管していくもの。

移動式パレットラック…移動シェルフと同様に、可動式のラックとなっていて、入出庫のための通路確保を最小限にするメリットがある。

パレット自動倉庫…バケット自動倉庫のサイズがパレットサイズになっており、同様に入出庫作業を搬送機器で自動化したもの。

　保管を行う際には、個々の荷物を個別で扱うのではなく、パレットやコンテナといった機器を利用してユニット化（ひと固まり化）して対応する方が効率的で、かつ機械化が進みやすくなります。このようにユニット化された荷物をユニットロードと言います。

　ユニットロードを推進することで、標準化された自動化設備などを使用しやすくなるため、自社商品の特性を踏まえて、どのようなユニットロードに集約すべきか考えることが重要です。

　保管における管理のポイントは、商品ごとの特性を踏まえて、上述したユニットロードと保管機器の組み合わせを考えることに加えて、どこに何が保管されているのか、ロケーション管理をしていくことが重要です。

　ロケーション管理は、あらかじめ商品ごとの番地を決めておく固定ロケーション方式と、保管の都度何が保管されているのかをシステム上に登録して、管理していくフリーロケーション方式がありますが、これもどれを選択すべきかは、商品の特性を踏まえて、十分に検討していく必要があります。

　一方、「荷役」機能に関わる料金体系は、〔図II-5〕のようになっています。

〔図II-5〕

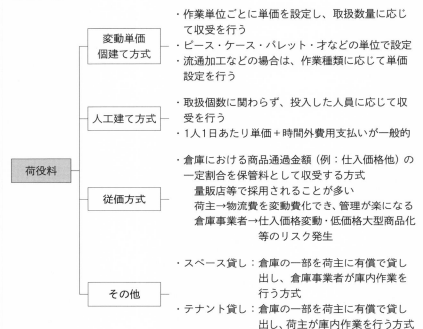

荷役においては、一般的に入庫・出庫・ピッキングといった作業ごとの単価をあらかじめ設定しておき、実際に仕事を行った重量、数量などに応じて計算することが多くなっています。

荷役においても作業を行う上で、荷役機器を使って実施されることが多くあります。この作業で使われる機器をマテリアルハンドリング（マテハン）機器と呼びます。

マテハン機器の代表的なものとしては、以下のようなものが存在します。

- ・　フォークリフト
- ・　無人搬送車（AGV、AMR）
- ・　クレーン

- ・　コンベヤ
- ・　エレベータ・垂直搬送機
- ・　ピッキング機器
- ・　仕分け装置（ソーター）

　倉庫内で運搬を行う際に使われる機器と、出庫に伴ってピッキングや仕分けを行う機器に分かれています。

　いずれも、やはり商品の荷姿やユニットロード状況などによって、どの機器を採用しながら、荷役の作業効率を上げていくかがポイントとなります。また、今後の方向性として、人手不足を背景に、できる限り無人で仕事ができるようなロボットなどの採用が加速していくことが予想されます。

　保管、荷役に共通して、倉庫作業における改善のポイントは、荷姿やユニットロードの特性を踏まえて、最適な機器をどう選定して、人手作業と比べてメリットがある投資ができるかを検討していくことが重要となります。

3 　海運・空運とは

　海運（海上輸送）・空運（航空輸送）は、周囲を海に囲まれている日本にとっては、特に国際輸送の手段として必要不可欠な役割を担っています。

　海上輸送と航空輸送は対照的なメリット・デメリットがあります。それぞれどのような貨物の輸送に用いられるのか、詳しく解説していきましょう。

Ⅱ　物流の基本機能

🚚 海運（海上輸送）

　海上輸送では、一度に大量の貨物を運ぶことができます。日本の海外貿易（重量ベース）の約99％が海上輸送で運ばれており、この数字からも、海上輸送の規模の大きさを感じることができるでしょう。

　運ぶものの種類やその量によって、船舶の種類は様々です。石油を運ぶ「タンカー」や、石炭や鉄鉱石、木材チップを運ぶ「ばら積み船（バルク船）」、完成車を輸送する「自動車専用船」など。これらは、特定の荷主から少品種の貨物を一度に大量（数百〜数万トン）に引き受けて運ぶ際に用いられます。このような船は「不定期船」に分類され、運航ルート、日程も荷主の依頼に合わせてアレンジします。一方で、不特定多数の荷主から、多品種（主に日用品、電子機器やその部品、食品など）の貨物を引き受け、国際規格化されたコンテナに入れて運ぶのが「コンテナ船」です。コンテナ船は「定期船」に分類され、あらかじめ決められた運航ルートやスケジュールに則って運航されています。コンテナにはいくつか種類があり、最も一般的なドライコンテナに対して、温度管理ができるリーファーコンテナ、液体を充填して輸送できるタンクコンテナなど、貨物の性質に合わせて選ぶことができます。

〔図II-6〕

コンテナ船

バルク船

自動車専用船

タンカー船

　海上輸送はコストが安い一方で、輸送に時間を要します。運航スケジュールにもよりますが、東京港からロサンゼルス港までの航海日数は約2週間程度です。加えて、港への貨物の搬出入、船への積み下ろしの作業日数も含めると、トータルの所要日数はさらにプラス数日となります。また、天候や港の船の混雑によっては船の到着予定日が遅延になるリスクもあるため、輸送の際はスケジュールを広く取っておく必要があります。

　国内の海運企業としては、日本郵船、商船三井、川崎汽船の3社が最大手として知られています。この3社は、定期船・不定期船ともに幅広く運航している「総合型」と言えます。これに対して、不定期船に特化している海運企業には、NSユナイテッド海運（バルク船中心）、飯野海運（原油・ケミカルタンカー中心）、トヨフジ海運（自動車専用船）などがあります。

近年、海運業界では環境規制が強化されており、企業各社は対応を迫られています。船舶の運航によって環境へ影響を及ぼす要素として、排ガス中に含まれる温室効果ガス（GHG）、硫黄酸化物（SOx）、窒素酸化物（NOx）、バラスト水（船体の安定を保つために取り入れる海水）による生態系への影響などがあります。海運企業にとっては、規制対象物質の排出が少ない燃料への切り替えが義務付けられるなどコスト増に繋がる反面、環境問題への取り組みを顧客へ訴求することで、シェア拡大を狙うチャンスにもなりそうです。

〔図II-7〕　国際海運における環境規制の動向

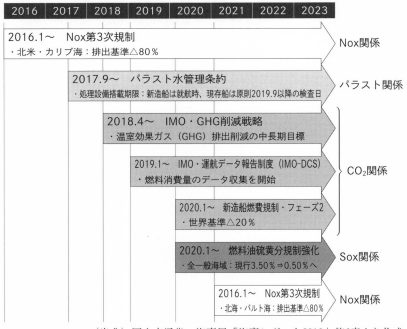

| 2016 | 2017 | 2018 | 2019 | 2020 | 2021 | 2022 | 2023 |

2016.1〜　Nox第3次規制
・北米・カリブ海：排出基準△80％　　　　　　　　　　　　Nox関係

2017.9〜　バラスト水管理条約　　　　　　　　　　　　　　パラスト関係
・処理設備搭載期限：新造船は就航時、現存船は原則2019.9以降の検査日

2018.4〜　IMO・GHG削減戦略
・温室効果ガス（GHG）排出削減の中長期目標

2019.1〜　IMO・運航データ報告制度（IMO-DCS）
・燃料消費量のデータ収集を開始　　　　　　　　　　　　　CO₂関係

2020.1〜　新造船燃費規制・フェーズ2
・世界基準△20％

2020.1〜　燃料油硫黄分規制強化　　　　　　　　　　　　　Sox関係
・全一般海域：現行3.50％⇒0.50％へ

2016.1〜　Nox第3次規制　　　　　　　　　　　　　　　　Nox関係
・北海・バルト海：排出基準△80％

（出典）国土交通省　海事局「海事レポート2019」第6章より作成

🚚 空運（航空輸送）

　航空輸送の最大のメリットは、海上輸送に比べて輸送時間が圧倒的に短いことにあり、1日から1週間程度で世界中にものを運ぶことができます。一方で、海上輸送に比べてコストは非常に高くなります。また、航空機自体の貨物積載スペースに限りがあるため、載せたいフライトに貨物を載せられるかどうかはその時の状況次第となります。

　航空輸送には、貨物専用の航空機に積載する場合と、旅客機の客室の床下に貨物を積載する場合とがあります。積載時には航空輸送専用のコンテナやパレットなどの荷姿に揃えられ、航空機内の限られた貨物積載スペースを効率的に埋められるよう工夫されています。温度管理が必要な貨物はリーファーコンテナを使用するか、冷蔵貨物で輸送時間が短いフライトであれば、保冷剤を貨物に同梱することで低温輸送する場合もあります。

［図II-8］　航空機の貨物搭載スペース

　航空輸送で輸送される主な貨物は、生鮮食料品、医薬品、精密機器、美術品、試作・販促用の商品やその原料、部品などで、共通していることは、輸送スピードを求められること、高単価、高付加価値であることです。航空輸送における差別化要素として、このように価値が高い商品

II　物流の基本機能

を、如何に品質を保って輸送するかが１つの大きなポイントになります。例えば、生鮮食料品や医薬品の厳格な温度管理や、精密機器などにダメージを与えないよう振動の少ない輸送を行うなどです。こうした品質向上のために、輸送用機器や梱包材などの研究開発を行っているのです。

　国内の航空輸送企業としてはANAホールディングス、日本航空（JAL）の２大航空会社と、国内唯一の国際航空貨物専門会社として日本貨物航空（NCA）があります。2020年度からはコロナ禍により旅客の利用は非常に厳しい状況となっていましたが、一方で国際線貨物の輸送量は巣ごもり需要の影響などで拡大したため、貨物輸送は好調な業績となりました。

〔図Ⅱ−9〕　日本の航空輸送実績の推移（貨物重量）

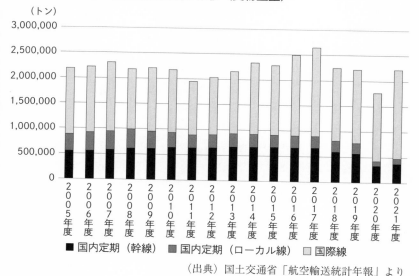

（出典）国土交通省「航空輸送統計年報」より

36

4 | それ以外の物流業

🚚 鉄道輸送

　内陸輸送の手段として、トラック輸送の他に鉄道輸送があります。鉄道輸送は、天候による影響を受けづらい、トラックに比べ輸送中に要する人手が少ない、環境にやさしい、などのメリットがあり、北米や中国、ロシア、欧州など、大陸においては効率的な輸送方法として非常にポピュラーな存在です。特に北米では、海上コンテナを2段積みにしたダブルスタックカーの車両を用いるなど、鉄道輸送設備が充実しています。

〔図Ⅱ-10〕北米の貨物列車（ダブルスタックカー）

　旅客の観点では日本の鉄道網は非常に発達していますが、鉄道の貨物輸送のシェアは国内貨物輸送全体で5％程度と低調で（トンキロベース）、トラック輸送が主流という状況です。国内で鉄道輸送のシェアが頭打ちになっている原因として、海上コンテナを輸送できる鉄道ルートが限定的であるなどのハード面が大きな課題となっています。一方で、昨今のトラックドライバー不足やCO_2排出削減という課題への対策として、鉄道輸送への関心は非常に高まっており、国土交通省では2022年3月に『今後の鉄道物流のあり方に関する検討会』を設置し、鉄道輸送の活用拡大を目指して議論を進めています。

Ⅱ　物流の基本機能

〔図Ⅱ-11〕 国内貨物輸送における輸送機関別シェア（2016年度）

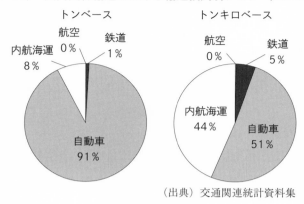

（出典）交通関連統計資料集

🚚 フォワーダー・インテグレーター

　海運会社や航空会社のように、船舶や航空機などの輸送手段を持っている事業者を実運送人と呼びます。これに対して、フォワーダー（Forwarder、運送貨物取扱業者）は一般的に輸送手段を持たずに不特定多数の荷主から荷物を引き受けて、自らを荷主として海運会社や航空会社を始めとした輸送事業者に輸送を依頼するのがビジネスモデルです。基本的に、海運会社や航空会社の運賃は大口荷主であるほどディスカウントが効くため、個々では大きな物量を持っていない企業でもフォワーダーを介して輸送依頼することでメリットを享受することができます。

〔図II-12〕

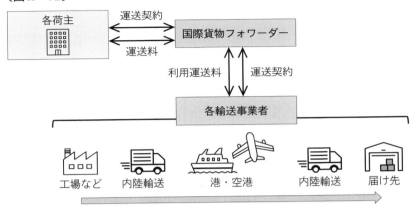

　フォワーダーの輸送手配の範囲は港から港までに留まらず、海外・国内の内陸輸送や輸出入通関、保管、貨物保険の手配、流通加工など、ドア・ツー・ドアの幅広い輸送サービスを提供しており、荷主の物流ニーズに対してワンストップで対応できることを強みとしています。

　一方で、インテグレーターは、自社で航空機やトラックを所有し、ドア・ツー・ドアのサービスを提供しています。代表的な企業は、DHLやフェデックス、ユナイテッド・パーセル・サービス（UPS）などの欧米企業であり、日本にはこの形態の企業は存在していません。インテグレーターはもともと書類などといった小口貨物を得意としていましたが、近年は一般貨物の輸送にも進出を始めていて、フォワーダーと競争が発生しています。同時に、日本の輸送事業者やフォワーダーが先述のインテグレーターと提携して輸送網の拡大を図るなど、フォワーダーとインテグレーターの明確な線引きは薄れつつあります。

港湾運送

　港湾運送は、海上輸送に関わる港湾の荷役作業を担っています。具体

II　物流の基本機能

的には、船舶への貨物の積み卸しや、貨物の仕分けなどを行う上屋（う わや）への搬出入、一時保管などを行います。全ての海上輸送貨物は、 陸上輸送との切り替えポイントとして港湾荷役が発生するため、港湾運 送はその結節点として重要な存在です。例えば海上輸送のコンテナヤー ドでは、ガントリークレーンによってコンテナ船への積み卸しを行った り、トラックやフォークリフトを用いて港湾内のコンテナの整理、搬出 入をしたりしています。2021年のロサンゼルス港では、コロナ禍の影 響による物量増加や港湾労働者のストライキが重なり、貨物の混雑が深 刻化しました。コンテナヤードの貨物が滞留しているためコンテナ船か らの荷卸し作業ができず、約100隻もの荷卸し作業待ちの船が沖で1週 間ほど待機するような状況になっていました。これによる輸送の滞留、 遅延は海上運賃の高騰を引き起こし、最高で平常時の5倍もの運賃に跳 ね上がりました。

東京港も慢性的な混雑が発生しており、また、港湾労働者全体が人手 不足というリスクに直面しています。我々の生活への安定した物資供給 を維持するために、港湾運送の労働環境改善や生産性向上は重要な課題 です。国土交通省では、港湾の労働環境改善や働き手確保に向けたアク ションプランを策定し、関係者と連携しながら推進していくことを掲げ ています。労働環境改善と合わせて、港湾設備などハード面の見直しや DXによる改革も含めた検討が求められています。

〔図Ⅱ-13〕 国土交通省港湾局 港湾労働者不足対策の取り組み事例

①港の仕事を知ってもらう
• 日本港運協会が動画・PR 素材を作成し、国土交通省が後援名義や協力名義等を発出し、官民連携して周知。 • 港で働く方々と国の職員との懇談会を開催し、情報発信。

②働きやすく、働きがいのある 職場の確保
• 女性、高齢者等にも働きやすい労働環境の整備に係る取組事例集を作成し、周知。 • 遠隔操作 RTG の導入支援等、AI を活用したコンテナターミナルの生産性向上・労働環境整備を実施。

③事業者間の協業の促進
• 他の港湾の事業者との協業を容易にするため、協業を目的に新たに港湾運送事業者の許可を受ける場合の基準を弾力化。 • 事業協同組合の活用や荷役機械の共同化による協業の促進。

④適正な取引環境の実現
• 港湾運送料金と取引条件・商慣行のアンケート調査を実施。 • 調査結果を踏まえ、令和 4 年度中に通達の改正等の必要な措置を講じるとともに、船社・荷主に対する周知と協力要請を実施。

出典：国土交通省港湾局 未来の港湾物流の維持・発展のために～港湾労働者不足対策アクションプラン～（ダイジェスト版）より

Ⅱ 物流の基本機能

III 物流業界とその動き

1 物流に関連する法規

　物流の領域においては、機能、輸送モード、労働者、貨物の種類など、様々な面で気をつけるべき法規制があります。そのうち、特に主要なものについて解説をしていきましょう。

〔図III-1〕 物流に関連する主な法律

分野		主な法律	概要
輸配送	道路交通関連法規	• 道路交通法 • 道路運送車両法 • 道路法（車両制限令）	• 車両の大きさや仕様に関連する法律
	運送関連法規	• 貨物自動車運送事業法（一般貨物自動車運送事業、特定貨物自動車運送事業、貨物軽自動車運送事業） • 貨物利用運送事業法 • 鉄道事業法	• 貨物運送事業を営む場合に関連する法律
	危険物などの輸送	• 消防法 • 高圧ガス保安法 • 火薬類取締法 • 毒物及び劇物取締法	• 危険物などの特殊な貨物を扱う場合の法律
倉庫		• 倉庫業法 • 建築基準法 • 消防法	• 倉庫業を営む場合、倉庫を建設する場合に関連する法律

労働	• 労働基準法 • 労働者派遣法 • 労働安全衛生法 • 下請代金支払遅延等防止法 • 独占禁止法	• 労働者に関連する法律 （物流だけに限らず）
環境	• 環境基本法 • 循環型社会形成推進基本法 • 大気汚染対策関連法規 • 温暖化対策関連法規 • 物流効率化関連法規	• 環境維持に関連する法律 （物流だけに限らず） • 物流で環境悪化を防ぐための法律

（出典）ロジ・ソリューション株式会社（著）『図解即戦力　物流業界のしくみと
ビジネスがこれ１冊でしっかりわかる教科書』技術評論社

🚚 輸配送に関連する法規

　道路交通法、道路車両運送法、道路法（車両制限令）では、輸送に関わる車両の大きさや仕様（長さ、高さ、幅、重量など）を規定しています。また、危険物などの特殊な貨物の輸送には、消防法、高圧ガス保安法などで貨物の取り扱い方を規定しています。

　貨物運送事業に関連する法律には、貨物自動車運送事業法、貨物利用運送事業法などがあります。貨物自動車運送事業法は、自らトラックなどの運送手段を所有して事業を行う場合に関連しています。一方、貨物利用運送事業法は、自社ではない他社を利用して行う運送事業に関連しています。また、輸送手段が自動車ではなく、鉄道の場合に鉄道事業法・鉄道営業法、船舶による海上輸送の場合には海上運送法・内航海運業法、港湾における運送の場合には港湾運送事業法、航空機の場合には航空法が適用されます。

（1）貨物自動車運送事業法

　前述のとおり、自らトラックなどを所有する、運送事業者が対象となる法律です。こちらはさらに①一般貨物自動車運送事業（不特定多数の荷主の貨物を有償で運送する事業）、②特定貨物自動車運送事業（単一

特定の荷主の需要に応じて有償で運送する事業）、③貨物軽自動車運送事業（三輪以上の軽自動車及び二輪の自動車を使用して運送をする事業）の３種類に分類されます。運送業者として運送事業を行うためには、当該の法律に基づいて国土交通省の許可を受ける（または届出をする）必要があります。

〔図III－2〕　貨物自動車運送事業の体系

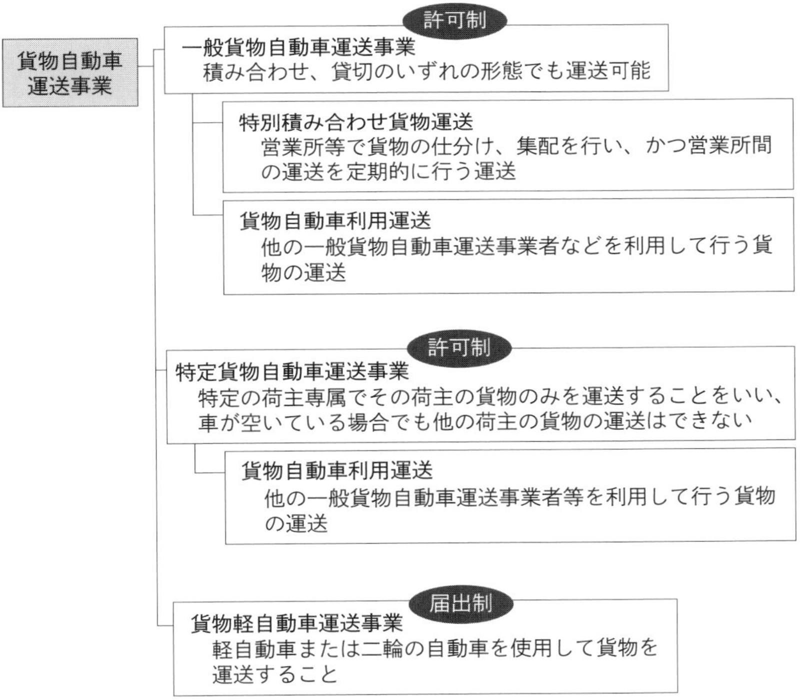

```
貨物自動車          ┌─── 許可制
運送事業  ────────┤ 一般貨物自動車運送事業
                 │   積み合わせ、貸切のいずれの形態でも運送可能
                 │
                 │   ┌ 特別積み合わせ貨物運送
                 │   │   営業所等で貨物の仕分け、集配を行い、かつ営業所間
                 │   │   の運送を定期的に行う運送
                 │   │
                 │   └ 貨物自動車利用運送
                 │       他の一般貨物自動車運送事業者などを利用して行う貨
                 │       物の運送
                 │
                 │   許可制
                 │ 特定貨物自動車運送事業
                 │   特定の荷主専属でその荷主の貨物のみを運送することをいい、
                 │   車が空いている場合でも他の荷主の貨物の運送はできない
                 │
                 │   └ 貨物自動車利用運送
                 │       他の一般貨物自動車運送事業者等を利用して行う貨物
                 │       の運送
                 │
                 │   届出制
                 └ 貨物軽自動車運送事業
                     軽自動車または二輪の自動車を使用して貨物を
                     運送すること
```

（2）貨物利用運送事業法

　運送事業者を利用して、有償の運送サービスを行う事業者が対象となる法律です。さらに第一種と第二種に分類されていて、第一種は、自動車や船舶、航空などの輸送手段のうち、１種類のみを利用してサービス

を行う場合です。第二種は、2種類以上の輸送手段を組み合わせてサービスを行うことです。国際物流など、複合一貫のドア・ツー・ドア輸送を行うフォワーディングもこちらに含まれます。

〔図III-3〕 貨物利用運送事業の体系

貨物利用運送事業	登録制 第一種貨物利用運送事業 流通の一部の輸送手段のみを手配する利用運送 例：ある物流センターから、小売店の店舗へのトラック手配
	許可制 第二種貨物利用運送事業 一連の流通に関わる全ての輸送を手配する 例：日本から海外へ輸出する荷物を、国内の集荷、海上輸送、海外の配送まで一貫で手配する

倉庫に関連する法規

倉庫業を営む場合には倉庫業法が関わってきます。また、倉庫業を始めるために倉庫を建設したり、増改築したりする場合には、建築基準法や消防法にも注意が必要です。

＜倉庫業法＞

倉庫の所有者が他人の貨物を有償で預かる、営業倉庫についてのルールをまとめたのが倉庫業法で、これに基づいて登録を受けた倉庫だけが営業することができます。登録の基準としては、倉庫としての建築確認を受けているか、倉庫の施設や設備が一定の基準に適合しているか、倉庫管理主任が設置されているか、倉庫寄託約款を届け出ているか、などがあります。

労働に関する法規

物流業界に限らないことではありますが、労働に関する法律として、労働基準法、労働者派遣法、労働安全衛生法などがあります。

トラック運送業はドライバーの高齢化・人手不足が深刻化しており、ドライバーの長時間労働の是正が課題となっています。運送業の働き方改革、法令遵守を進めるため、働き方改革関連法によって 2024 年 4 月 1 日から「自動車運転業務における時間外労働時間の上限規制」が適用され、ドライバーの労働時間に上限が設定されることになります。これにより、これまでドライバー 1 名で運送していたルートを 2 名リレーする形にするなどの対応が必要となり、運送業者側のコスト増、売上・利益減、結果としてドライバーの離職に繋がってしまうリスクも含んでいます。運送事業者は、労働環境の改善によるドライバー確保・流出の食い止めや、IT を活用して運送業務や車両回転率の向上などに取り組むことが求められます。

🚚 環境に関する法律

物流と関わる環境問題としては、主に排気ガスの問題と廃棄物の問題があります。排気ガスは、CO_2 だけでなく NOx（窒素酸化物）や PM（粒子状物質）も対象となります。また、廃棄物は、ダンボールなどの輸送用の包装・梱包材の廃棄の削減が課題となっています。それ以外にも、物流センターや倉庫における省エネルギー化、事務処理業務におけるペーパーレス化などが主な取り組み課題であり、これらを推進して「グリーンロジスティクス」を目指していくことが求められます。

また、物流総合効率化法では、物流の総合化や効率化に取り組むことでコスト削減・省力化、環境負荷の低減を図る事業者を認定し、支援を行うと定めています。認定された事業者は、関連する事業の立ち上げに係る補助や、物流拠点設置における税制優遇などを受けることができます。代表的な取り組み例としては、輸送網の集約による効率化、IT 活用などによるトラック積載率の向上、モーダルシフトの推進などです。

こうした物流の効率化・省力化、環境への取り組みの推進には、荷主

と物流業者が互いに連携することが重要です。

2　物流会社の形態

　物流の基本機能については⑪で記載しました。各機能の業務を遂行する物流会社はどのような種類があるのでしょうか。物流業の区分、物流機能の区分からみた形態、物流専業・製造業から派生など物流企業の成り立ち、昨今の物流総合企業の動き、物流事業者に任せる際のメリットとデメリットを見ていきましょう。

物流会社の形態分類

（1）陸運・海運・空運

　まず大きくは陸・海・空の輸送エリアで分けることができます。各輸送エリアではモノを運ぶだけではなく、荷役・保管、海外との輸出入については貿易管理などの仕事があります。国土交通省の輸送機関別貨物輸送トン数の推移をみると、陸運の自動車輸送が9割、内航海運がそれに続いて1割弱、鉄道や航空はわずかです。

〔図Ⅲ-4〕　物流業の区分

　陸運は大きく分けて運送業と倉庫業があります。輸配送の部分を運送業、保管・荷役・包装・流通加工は倉庫業に含みます。
　海運は外航海運・内航海運・港湾運送とエリアにより分かれます。外航海運は海外との輸出入を行います。日本はエネルギー原料・工業原

料・食品など海外の輸入に頼っており、日本からは自動車、半導体等電子部品、鉄鋼などを輸出しています。内航海運は国内の貨物の輸送を行います。港湾運送とは港における物流全般のことを指し、船舶へのコンテナ積卸し等を行う荷役、貨物の仕分け等を行います。海運は時間はかかりますが費用は抑えられます。

　空運について、航空輸送は速く・安全に輸送することできますので、食品の輸送や軽量の電子機器・部品の輸送に用いられます。

　空運・海運の輸出入について、国際貨物フォワーダーと呼ばれる業種があり、輸出品の梱包・輸出入通関・船会社及び航空会社の予約など国際輸送に関わる手配を事業者に代わって行います。

（2）物流会社の成り立ち（製造業発・独立系）

　製造業の中には自社で物流を行っている会社があります。また、輸送は委託し、製造後の倉庫管理までを自社で行う会社もあります。そういった自社物流が進むと物流子会社として物流機能だけを独立させることがあります。物流子会社は、以前は親会社の仕事だけを担っていましたが、2000 年頃から他社の仕事を外販して収益を上げるように変わってきました。物流形態がマッチしやすい同業他社の業務を請け負うこともあります。そうすることで親会社の売上・物流変動に左右されることなく安定した事業運営が可能となります。

　独立した物流会社は成り立ちが様々です。日本通運は鉄道会社から始まり、ヤマト運輸や佐川急便はトラック運送業、小口貨物を中心に事業を広げてきました。西濃運輸は企業間物流を中心として事業を展開しています。他には倉庫を主体としたセンコー、冷蔵倉庫トップのニチレイなどがあります。

🚚 複数機能を持った総合物流企業へ

　運送業・倉庫業としての単機能の会社から、昨今は総合物流企業とし

て顧客の物流に関してトータルソリューションを提供する会社が増えています。日本企業の海外進出、海外からの調達や海外への販売が増える中で国際物流業務も増えています。物流業者は海外の物流情報提供や人材提供、拠点立ち上げなどのサービスを準備しています。

🚚 自社で物流業務を手掛ける場合のメリットとデメリット

　荷主は経営資源を本業へ集中させるため、物流のアウトソーシングを進めてきましたが、物流業界の人手不足など、厳しい環境下となる中で、自社で物流業務を手掛ける選択もあります。倉庫機能について、自社物流倉庫を持つ場合と専業者へ委託する場合のメリットとデメリットをまとめました。

　自社で倉庫を建てる場合、土地を探す・建物を建てるところから始まりますので、時間がかかります。また投資のための資金集めも必要です。投資回収までの期間はかかりますが、長期的にみると自分で購入をした方が年間のコストとしては安く済むことが多いです。一方、専業者については場所の準備はありますので空きさえあれば短期間で荷物を預けることができます。

　倉庫の管理について、自社で物流機能を長年経験している企業であれば良いですが、そうでない場合には専門知識の習得に時間がかかります。逆に言えば、時間はかかりますが、自社に物流に関するノウハウを貯めていくこともできるのはメリットかもしれません。

　顧客にとってのサービスの視点では自社の方が品質管理や納期対応、流通加工や修理など、あらゆる付加価値をつける工夫ができます。委託した場合は全て契約事項に定めて対価を支払う必要がありますので、臨機応変な対応は難しくなります。

　自社で物流機能を持つか否かについては、会社の事業戦略における物流機能の重要性によって異なります。一般に、製造業で開発や製造に力

を入れる場合には、自社で物流機能を持つことは必要ないかもしれません。一方で、顧客に近いネットスーパーやクリーニング店など、物流を顧客接点の1つと考えて主要機能と位置付ける場合には、自社で物流機能を保持することが事業のさらなる拡大に必要になるかもしれません。

〔図Ⅲ-5〕 自社 vs 物流専業者 倉庫運営のメリットとデメリット

評価視点		自社で物流機能を保持		物流専業者への委託
スピード	×	企画・建設1年	○	場所さえあればすぐ
設備投資	×	土地・建物投資	○	既存の建物 既存のシステム
費用	○	（土地・設備）投資回収までの期間はかかるが長期的にみると安い （人）ネームバリュによる人材確保、他部署の人材活用	×	（土地・設備）EC業界の拡大、都心部でのコストUP （人）物流全体の人材不足の中でコストUP
管理	△	物流専用知識の不足 改善アプローチが可能	△	ノウハウを持つ人材を確保 専業者主体での改善は行われにくい
サービス	○	自社社員活用で多少の需要変動へ対応 細かな品質管理、顧客対応	×	契約上のサービス履行
事業への専念	×	物流に携わる部門が必要、自社の主要機能へ専念ができない （物流は顧客との接点であり主要機能と位置付ける場合も）	○	自社事業への専念が可能

3 荷主・物流事業者それぞれの立場

荷物を依頼する側の荷主はできるだけ安く依頼したいですし、荷物を依頼される側の物流事業者は利益を上げるために適正な価格での契約を行いたいと思っています。両社の間でどのような駆け引きが発生するでしょうか。

🚚 運送業の場合

　荷主としては荷物を安全に、設定した納期を守ることを要求します。物流は工場における製造のようなカンコツがいる作業と異なり、誰がやっても同じ、同質性の高いサービスですので、輸送品質や納期遵守では差がつきにくく、より安い業者へ依頼する傾向にあります。

（1）運送業者側の立場

　運送業者としては、自分が持っている資産である自車を最大限活用してより多くの荷物を運ぶことが必要です。自車だけではなく傭車（外部委託車両）も用いて業務を行う場合に、利益だけで比較すると自車より傭車を用いた方が稼げるような場合があるかもしれません。運送業者が傭車を利用する際の下払い率（自社が受けた運賃を100％とした場合の下請に支払う運賃の割合）は90％程度で、約10％の利ザヤを出すように設計した場合、自社の利益（売上から車の償却費や人件費を除く）がそれを下回ることもあります。自車の固定資産を有効活用して利益率を上げる方が継続的な利益獲得のためには重要です。自車の活用としては回転率を上げる、積載率を上げることが求められます。

（2）荷主側の立場

　荷主は物流事業者の原価構造を把握した上で単価交渉に臨むことが必要です。運送に係る車両費等の固定費、人件費、燃料費等の変動費の原価に利益を載せた金額が運賃です。人件費は労働時間が増えればそれだけ必要になりますので、荷主側での積込み待ちや積込み作業、お届け先での荷卸しなどに時間がかかればその分を踏まえた金額を請求されています。運送業者のコストメリットがでるような改善を提案できれば、運賃も下がるはずです。契約形態では月極契約（車1台、1か月単位での計算）・チャーター契約（行先別の台・日あたり単価ベースでの計算）の考え方があります。荷主としては毎日安定した物量がある経路について

は、チャーターで計算するよりも安い月極契約で交渉する余地があるでしょう。運送業者も月極契約は安定的な収入を得られるメリットがあります。

🚚 倉庫業の場合

　荷主が倉庫を選択する場合には、自社の製造拠点や顧客立地に合わせて最適なエリアの倉庫を選択します。自社で製造後のモノが置ききれないのであれば工場近くの外部倉庫を探すことになります。納入先からの受注から納入までのリードタイムが短いようであれば納入先の近くに倉庫を構えて、営業部署が管理することもあります。また保管だけではなく倉庫での梱包や流通加工を依頼するパターンもあります。

（1）倉庫業者側の立場

　物流事業者は運送業の時と同じ考え方で自社保有の倉庫を最大限活用できるような工夫を考えます。高い保管効率と回転率を維持すること、人件費を低減することが必要になります。

　人件費について、倉庫業は入出庫の波動が大きく、事前予測が難しいことが課題です。顧客とのやり取りで早めに情報を得て工数計画を立てることや、変動を少なくするような計画を立てる必要があります。それでもある程度の変動は前提として固定投入人員と変動投入人員のバランスを取ることが必要です。また、各工程での生産性を日々管理し、工程間の配置を適切に行うことも必要です。例えばピッキングが忙しい時間と梱包が忙しい時間が異なる場合は、適切に人の応受援の指示を行います。

　保管費について、物流事業者としては限られた敷地の中に多くのものを保管したいので、通路ロスがないような設計、保管物の形態に応じた保管ラックの設計など、倉庫自体の設計を適切に行うことが必要です。また、荷物の出し入れを効率よく行いたいため、ABC分析（出荷量の多

い順に品目を並べて上からA、B、C区分を行う）を行い、在庫回転率の高いものを梱包場の近くに配置、回転率の低いものは多少取り出しにくくても集約して保管し保管効率を高めるなどの工夫を行います。

（2）荷主側の立場

　荷主側は、倉庫管理のKPI（重要業績管理指標）を明確に設定して、倉庫業者へ報告を求めます。生産性が向上すればその分人件費の圧縮に反映されてコストメリットを享受できます。検品ミス・ピッキングミス・誤配率など、品質に関わる指標も生産性と共に重視する場合には適切なKPIを設計します。実績報告を求めることにより、課題を定量化し、改善への具体的アクションに移ることができます。

　また、契約形態をスペース（坪）単位とするか、パレット単位とするかなどを自社の物量に応じて適切に選択することが必要です。在庫を適正化して保管量を減らすことも重要です。自社倉庫の場合には、その活用を第一に考え、外部倉庫を借りることは最小限に抑える管理も重要です。

　また、人件費や保管費について、地域の相場を知ることも必要です。長年付き合いのある業者から他の業者に変えることを現場の出荷担当者は嫌がることが多いですが、定期的に他社へ見積もり依頼を行い、比較することで、既存業者への価格交渉をスムーズに行うことも可能です。

[図Ⅲ-6] 荷主と物流事業者のコスト追求ポイント

		荷主	物流事業者
運送業	輸送費	・原価の構造をしっかり把握して、単価設定に繋げる ・月極・固定備車をうまく活用して、コスト適正化	・自車車両の活用率最大化（下払差額取得のためだけの備車出しは極力控える） ・車両1台当たり収支（収入－コスト）の増加を狙い、積載率向上・回転率向上
倉庫業	人件費	・契約単価だけではなく、生産性・人員配置・管理KPIの内容・品質基準などを週次でモニタリング ・生産性向上結果を要員管理に結びつける仕組みが不可欠 ・地域料率相場の把握	・機能別の投入人員・生産性を確実に把握し、料率に対する効率・利益率を向上させる ・固定投入人員と変動投入人員（スポット）を最適化し、波動対応力を高める
	保管費	・自社の倉庫拠点（固定費となる拠点）を最大限活用し、外部・営業倉庫などの変動費運用を最小限にする ・地域料率相場の把握	・自社保有拠点を中心に、高い保管効率と回転率を維持 ・再保管倉庫はできるだけ最小化 ・回転が低く固定化する在庫は可能な限り集約

4 3PL の定義と発展

3PL の概要と歴史

「サードパーティ・ロジスティクス（3PL）」とは、メーカーをファーストパーティ、卸売業・小売業などの買い手をセカンドパーティとしたとき、荷主ではない第三の企業（サードパーティ）が物流業務を荷主から請け負って遂行することです。ただ単に遂行するだけでなく、荷主に対して効率的な物流戦略の立案や物流システム構築の提案を行い、それを実行していくことが 3PL 事業者には求められます。国土交通省も、

3PL事業者を「最も効率的な物流戦略の企画立案や物流システムの構築の提案を行い、かつ、それを包括的に受託し、実行する」ものであると定義しています。

　3PLビジネスは、1990年代以降に欧米で発展しました。当時、グローバリゼーションの進展によるサプライチェーン構造の複雑化や、競争の激化の中で、サービス向上とコスト削減が急務となっていました。このような中で荷主企業はロジスティクス戦略の見直しや高度化を目指し、ロジスティクス専門業者へのアウトソーシングが進んでいったのです。

🚚 3PL事業者の役割

　物流業務を物流事業者や物流子会社に委託するなどのアウトソーシングは、日本でも以前から存在していました。委託を受けた物流事業者は、荷主に代わって配送の管理やオペレーションを行ったり、荷主の元請として複数の物流事業者を束ねて輸送指示をしたり、その形態は様々です。一方で3PLでは、そのような部分的な範囲ではなく、「包括的に」荷主のロジスティクスを受託するということがポイントになります。加えて、3PL事業者には、「荷主の立場」「ロジスティクス領域」「戦略的パートナー」の3つの視点が求められます。

荷主企業（メーカー・流通等）	調達	生産				流通					販売		
	輸送	構内荷役	梱包	輸送	倉庫荷役	流通加工	在庫管理	保管	輸送	保管	配送	情報処理

経営上の種々の目的から物流子会社や物流専業者に業務を外部委託する

荷主企業に対し、価格競争や改善提案・システム提案等で業務受託を図る

3PL事業者	包括で請負

| 物流専業者など | A社をはじめとした数社 | B社 | C社 | D社 | | | | | E社 | E社をはじめとした数社 | | 数十社 | |

(1) 荷主の立場

　従来の荷主と物流事業者は、いわば上下関係となっていました。一般的な物流事業者は、受託した貨物を安全・確実・迅速に輸送することが荷主からの主な評価のポイントであり、体質としては受身型です。これに対して 3PL 事業者は、いわば荷主の物流部門の代行する立場であるため、荷主の立場から考えて、最適なロジスティクス体制構築のための改革・改善・効率化を積極的に提案し、実現・運営することで価値を出すことが期待されています。

(2) ロジスティクス領域

　3PL においては、その名のとおり、ロジスティクスの範囲での視点が必要です。物流の領域である輸送、保管、荷役、包装、流通加工に加え、ロジスティクスはさらに、調達、生産、販売までを含み、最適な形を追及していきます。

(3) 戦略的パートナー

　3PL においては、3PL 事業者と荷主は、一緒に活動を行っていくいわ

ば戦略的パートナーです。

　荷主と物流業者の従来の関係においては、荷主から一方的にコストの削減やサービスの向上を求め、そのメリットは荷主だけが享受し、物流業者側がコストやリスクを受け入れる関係性でした。一方、3PL はパートナーであり、そのようなメリットもリスクもお互いに共有して Win-Win を目指していくことが理想とされます。

🚚 3PL 事業者の形態

　3PL 事業者は、「アセット型」と「ノンアセット型」に分けることができます。ここで言うアセットとは、トラックや倉庫、車両などの資産を指し、アセット型かノンアセット型かということはこれらの資産を持っているか持っていないかを表しています。

　アセット型の 3PL は、主に自社のトラックや倉庫などの設備を活用して物流サービスを提供します。メリットは、自社設備があるため管理が行き届きやすいことや、細かな業務に柔軟に対応しやすいという点です。一方でデメリットは、3PL 事業者側が自社の設備を優先して使おうとして、真に最適なロジスティクス提案とならないリスクがある点です。

　ノンアセット型の 3PL は自社の資産がない分、しがらみもなく、自由度高く荷主にとって最適なロジスティクス提案をしやすくなります。一方で、運送会社など様々な物流会社と協力して輸送を行うため、輸送品質やオペレーション品質の管理には注意が必要になります。

　実際のところ 3PL 事業者の競争環境としては、日本通運やヤマトホールディングスなど、老舗で既存のアセットも輸送ネットワークも充実している企業が上位を占めており、新規の 3PL 事業者が彼らと同じ土俵に参入するのはなかなか難しい状況です。そのため、ノンアセット型の 3PL 事業者の中には、IT ツールを差別化の武器にして荷主のニーズの取り込みを目指す企業も出現しています。

3PL をどのように活用するか

　荷主が3PLを導入する主な目的は、コスト削減、本業へ集中できる体制づくり、ロジスティクスの最適化・高度化です。

　物流コストは、企業によって定義がまちまちであるため、トータルコストの把握には骨が折れます。3PLを導入することで、3PL事業者を通して物流コストを一元管理、見える化することができます。同時にコスト削減の重点も見えてきて、対策が立てやすくなるのです。

　物流業務を3PL事業者へアウトソースすることで、それまで物流業務に充てていた貴重な人的リソースを本業へ注力させることができます。自社の商品やサービスの企画・開発、品質向上などにリソースを充て、売上増・企業価値向上を目指せるようになります。一方で、3PL事業者に全ての物流業務・ロジスティクス戦略立案を丸投げしてしまうと、自社内にそれらのノウハウが蓄積されていきません。3PL事業者と対等のレベルでロジスティクス戦略を議論できる人材を確保するためにも、3PL事業者とは人材の面でも協力体制を築いていく必要があります。

〔図III-8〕　3PL導入のねらい

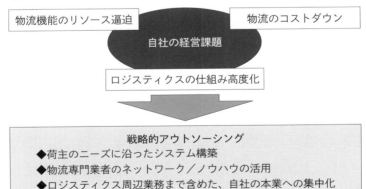

5 共同物流の発展

　我々の生活は非常に高度な物流によって支えられています。特に日本の物流は、迅速性、定時性、機動性、貨物のハンドリングの丁寧さ、対応の柔軟性などの点において世界的にも高く評価されています。一方で、様々な外部環境変化により、国内の物流業界には危機的な課題が存在しています。

　物流の需要側は、EC化の進展によって宅配・ラストワンマイルのニーズが拡大、多様化しています。また、BtoBの物流においても荷主の在庫圧縮のためにジャストインタイムの納品ニーズが高まり、結果、多頻度・小口・短納期配送が増加しています。つまり物流事業者側には、より細かい管理で質の高いサービスが要求されるようになっているのです。

　一方で物流の供給側（物流事業者側）では、労働者の不足・減少が続いています。マクロ視点で見れば人口減少の影響もありますが、物流業界の習慣として、アナログで非効率なオペレーションを続けている事業者が未だ多く、労働力確保・維持が難しくなっているという面もあります。さらにドライバーに関しては、2024年以降、「罰則付き時間外労働上限規定」が適用されるため、1人あたりの運行時間短縮の流れがドライバー不足を一層深刻化させる見通しです。

　このような物流業界の課題に対し、政府がまとめている「総合物流施策大綱」では様々な施策の推進を掲げていますが、その中で、物流の共同化の必要性が提言されています。複数の物流事業者間、または複数の荷主間の物流を共同化することで一社単独の物流と比較して効率化、特にトラック輸送における省労働力化を図ることができます。

共同物流の事例

　共同物流事例の１つとして、家電量販店物流のケースがあります。従来、複数の家電メーカーから量販店向けの仕分けセンターへ、個別にトラック輸送していたものを、共同の物流プラットフォームの集約後に配送を行います。また、配送の帰り便を活用して共同集荷を行う仕組みも構築しました。このような配送の効率化により、積載効率の向上、車両稼働率の向上、車両台数の削減が見込まれます。

　拠点の共同活用のためには、物理的な課題だけでなく情報の連携の課題もあります。この事例では、各社独自だった製品配送システムを一元化するために、ラベル情報の一元管理等を行うシステムを開発して運用しました。

［図Ⅲ－9］　家電量販店　共同配送

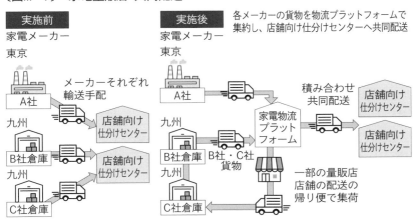

（出所）グリーン物流パートナーシップ会議事例集よりJMAC作成

　このように、荷主間で共同物流を推進するケースに対して、物流事業者同士が協力して共同物流を実施するケースもあります。

ヤマト運輸と日本通運、西濃運輸、日本郵便の4社では、通常の大型トラック2台分の輸送が可能なダブル連結トラックを活用して関東〜関西間の宅配貨物等の幹線輸送を共同で実施します。これまで各社個別に運行していた貨物を連結して輸送することにより、ドライバーの効率化、CO_2排出量の削減などに繋がります。この取り組みで使用される25mダブル連結トラックは、平成31年に特殊車両通行許可基準が緩和されたことにより運行が可能になりました。

　トラック同士の協力による共同配送だけでなく、従来トラック輸送だったものを貨物列車と相積みしたり、さらに、鉄道の貨客混載による共同輸送を行ったり、様々な形で輸送資源の効率的活用の検討が進んでいます。

🚚 共同物流を進めていくために

　物流の共同化を検討、推進するにあたって、まずは自社の物流実態を把握することが第一歩となります。貨物量や輸送条件、現状の課題を洗い出し、それらを加味した上で協力先となる企業を探します。協力先を探す際は、同じ業種だけでなく、地域、輸送モードなど、色々な切り口からWin-Winを目指せる企業を検討します。業界団体などを通じて情報を得ることも有効です。

　協力先の企業候補が見つかったら、お互いの配送条件を確認し、できるだけ条件を統一することが重要です。たとえば、配送時の作業や基準が各社でバラバラのままだと、共同化した際に現場の対応が追いつかず、配送品質の低下に繋がったり、結局再度配送することになって共同化のメリットが出せなかったりする恐れがあります。配送条件の足並みを揃えるためには、自社内で調整するだけでなく、営業部門を巻き込んで顧客と条件の見直しを交渉することも必要になるでしょう。その他にも、問題が発生した際の責任の所在、費用分担など、様々なルール設定

があります。このような諸々のチェックポイントは事前に洗い出し、サービスレベル・アグリーメント（SLA）に落とし込んで明確に契約書を取り交わしておくと、後々の齟齬を避けることができるでしょう。

　枠組みやルールづくりができて共同物流の実施にこぎつけても、そこがゴールではありません。実際にどれほど効果があったのか、さらなる効率化の余地はどこにあるか、最適な物流を実現するために、各種データをとって適切に分析、モニタリングを継続していくことで、また新たな外部環境変化が起きた際にいち早く察知し、対応できる体質を目指していきます。

IV グローバルロジスティクス

1 グローバルロジスティクスの変遷

　グローバリゼーションやグローバル化とは、国境を越えた様々な移動により、社会的・文化的・経済的な変化を引き起こし、世界が一体化することを指します。中でも、経営資源であるヒト・モノ・カネ・情報の移動により世界的な経済発展をもたらす動きを、経済的グローバリゼーション、または経済的グローバル化と言います。

　現代において、この経済的グローバリゼーションは、当たり前になっています。製造業でいえば、A国やB国で部品調達をし、C国の工場で製造してD国へ輸出しています。日本企業の製品でありながら、日本をモノが経由しない場合もあります。非製造業においても、E国企業のECモールで購入したE国企業の商品をF国の消費者に輸出など、E国とF国間もしくはF国とG国間（E国以外の2国間）など国境を越えたサービス提供である越境取引があります。越境取引には、国際通信（情報）や国際金融（カネ）なども該当します。他にも、フランチャイズのようなサービス拠点の越境化、旅行や出張に伴うサービス消費つまり需要者（ヒト）の越境も、非製造業におけるグローバル化に挙げられます。このように経済活動は地球規模で行われてきており、それに伴ってロジスティクスもグローバル化してきているのです。

〔図IV−1〕　シリコンからパソコンができるまで

シリコンインゴット	精製済みインゴット	ウェハー	処理済みウェハー	パッケージ	組み立て	販売
ロシア	韓国	日本	米国	マレーシア	中国	英国

　ロジスティクスのグローバル化が進んだ背景の１つに、輸送のコンテナ化とも呼ばれるコンテナリゼーションが挙げられます。コンテナ輸送が始まる18世紀以前、商品は梱包されずに、ばら積み貨物として手作業で取り扱われていました。製造業における海上輸送を例にとると、工場から車両への荷積みや出発港の倉庫での荷下ろし、倉庫での入庫と出庫、船への荷積みと到着港での荷下ろしなどの自社貨物によるばら積みの荷役が発生します。また、寄航港でも他社貨物を荷下ろしする際に、他社貨物を取り出すために自社貨物を荷下ろしと荷積みをする場合もあります。このように、複数回に及ぶ荷役作業が発生していました。これら人手による非効率的な荷役は、輸送費を増大させ、また到着遅延も発生させていました。遅延の発生は、計画的な経済活動の妨げになりますし、企業の信用の低下にも繋がっていました。

　コンテナリゼーションが本格化したのは、20世紀半ばです。それまでもコンテナ自体はありましたが、統一規格はなかったため、1968年以降４つのISO（国際標準化機構）勧告によって規格化されました。それに、港湾や空港、道路などのインフラ整備、情報技術の発展も相まっ

て、輸送コンテナ化は海運業界に留まらずトラック輸送、鉄道輸送にも広がり急速に進みました。この結果、先に説明した海上輸送における荷役作業は、機械化されて多くの港湾労働者は不要となり、国際貿易費用の大幅な削減やリードタイムの短縮が実現しました。また、大幅な遅延がなくなったことで、部品供給業者が定期的な固定スケジュールで特定の部材を提供できるため、JIT（ジャストインタイム）生産システムも可能にしました。原料生産地→部品工場→組立工場→物流センターの間が、定時性が高く輸送費の安い海上コンテナで結ばれるため、複数国における企業間の生産時期を調整して、短納期と適正在庫を達成できるようになったのです。

　この輸送コンテナ化により、地理的制約がなくなったため、ロジスティクスは国内分業から国際分業へ変化しました。国際分業とは、貿易を前提として、自然的・社会的条件の異なる国家間で得意な物を生産・輸出入し合う関係のことを指します。お互いの国家において生産する場合よりも、コスト削減による経済発展を目指すことを目的として行われています。コンテナリゼーションにより、企業は世界規模で自社の各機能を最適なエリアを選択して実施できるようになったため、我々は世界中にある欲しいものを欲しいタイミングかつ適切な価格で手にすることができるようになったのです。これは、コンテナリゼーション、ひいてはグローバルロジスティクスの効果と言えるでしょう。

　ロジスティクスのグローバル化の流れは、今後も進んでいくと言われています。その理由の1つが、新興国の成長です。これまで先進国は安価な労働力を求めてアジア諸国などへ進出していましたが、経済発展に伴い新興国となったアジア諸国は生産地の役割から、生産地と需要地を兼ねた役割へ転換してきています。求めるコスト水準に見合わなくなってきた場合、先進国は新たな生産地を検討しなくてはなりません。一方で、生産地と需要地を兼ねた地域が増えることで、生産コストや供給

リードタイムを考慮した地産地消も加速すると言われています。

　また、グローバルロジスティクスは、これまでの個社別最適の観点だけではなく、産業別・業界別最適の観点からも変化していくことは想像に難くありません。例えば、新型コロナウイルス感染症のワクチン供給でも注目を浴びたコールドチェーンです。コールドチェーンとは、生産・輸送・消費の過程で途切れずに低温を保つ物流方式であり、低温流通体系とも呼ばれます。新型コロナウイルス感染症のワクチンは超低温度帯での輸送が必須であり、生産から皆さんの手に届くまで、海外製薬企業、海外貨物利用運送事業者（フォワーダー）、実運送事業者である国内航空会社など企業を跨いだ超低温度帯オペレーションを構築しました。コールドチェーンは、先に説明したアジア諸国の成長に伴う平均所得向上に伴う、高品質で新鮮な有機農産物の需要増加も相まって、益々市場が拡大すると言われています。

〔図IV-2〕　コールドチェーン

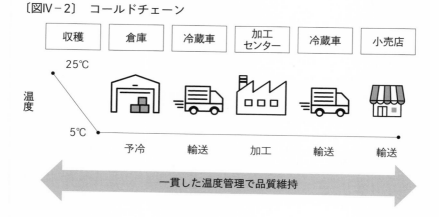

　また、昨今のグローバルロジスティクスを語る上では、これまでのQCD(注)の観点だけではなく、社会課題の観点も重要になってきます。例えば、社会課題の１つに食品ロスがあります。先のコールドチェーン

をより拡大し、収穫から予冷、調達物流、工場での加工、販売物流、小売店または消費者に届くまで鮮度を保つことで、食品廃棄を大幅に減らせると期待されています。

このように、グローバルロジスティクスは、新興国の様な成長市場の需要地化、産業別あるべき姿の追求、社会課題解決などの非財務的観点への考慮など様々な要因により、今後も加速度的に複雑化、また規模も拡大していくことでしょう。

(注)　QCD とは、Quality（品質）、Cost（コスト）Delivery（納期）の頭文字を並べた頭字語で、企業において必要不可欠な要素とされています。

　　　ここでいう品質とは、製品品質を指しています。どれだけコストを下げて納期に間にあったとしても品質が悪いと顧客満足を得られません。コストとは、製品価格に留まらず、諸費用や時間も含まれます。納期とは、製品を顧客に届けるまでの納期を指します。高品質でコストを抑えても、顧客が提示した納期を守らないと、競争力が低下します。

2 注目すべき今後の課題

2020 年に流行した新型コロナウイルス感染症の感染拡大により、グローバルロジスティクスはエリア回帰、国内回帰しているとも言われています。また、産業別のあるべき姿や社会課題への対応も求められるなど、ロジスティクスの構造は複雑化しており、それに伴い管理レベルも高度化しています。本項では、グローバルロジスティクスにおける今後注目すべき課題 6 つを説明していきます。

〔図IV－3〕

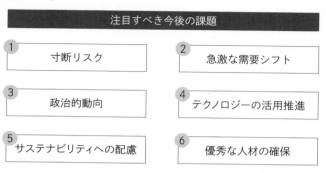

　まず1つ目の課題は、寸断リスクです。生産地や需要地が多岐に渡り、ネットワークが複雑かつ伸長することで、グローバルロジスティクスの脆弱性が増しています。グローバルロジスティクスは、その特徴から、地理的、政治的、経済的など様々な影響を受けやすく、輸送の中断、遅延、品質低下、コスト増などが起きる可能性があります。例えば、2020年のコロナ禍においては、ロックダウンにより中国生産の住設機器が供給されなくなったため、日本国内の住宅完工の遅れが生じました。

　モノだけではなく、情報による寸断リスクもあります。これは、国内での話になりますが、2022年2月～3月に起きた自動車業界におけるサイバー攻撃により、完成車メーカーの子会社を含む国内全14工場28ラインが停止しました。この時は、完成車メーカーと直接取引のある部品メーカーではなく、部品メーカーの子会社と特定の外部企業とのやり取りを行う通信機器が狙われました。このように、ネットワークが複雑かつ伸長した結果、全体像を把握しにくくなり管理の目が行き届かなくなっていることも、この寸断リスクが増している要因と言えるでしょう。

　2つ目の課題は、急激な需要シフトです。先項にて説明した生産地の需要地化もその1つです。また、新型コロナウイルス感染症感染拡大を契機としたテレワーク推進や巣ごもり需要増加などライフスタイルの変

化により、生活必需品の需要拡大によるアジア発北米向け海上輸送増加もその代表例です。さらには都市封鎖による中国発コンテナ船の減便や新規コンテナの生産量の低下などの要因も合わさり、コンテナ不足が深刻化して遅延や物流コスト（コンテナ運賃）の高騰等を引き起こしています。ビジネスがグローバルに広がる現代においては、遠く離れた海外の需要トレンドの変化も考慮したロジスティクス構築と、そのオペレーションが益々重要となってくるのです。

〔図Ⅳ-4〕　新型コロナウイルス感染症の感染拡大を受けたサプライチェーンの寸断の一例

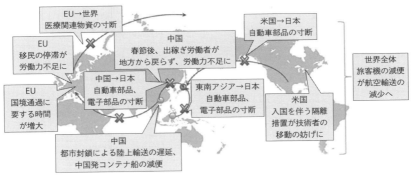

（引用）経済産業省『通商白書2020』第1章　コロナショックが明らかにした世界の構造

　3つ目の課題は、政治的動向です。グローバルロジスティクスを構築する上では、国や地域間におけるFTA（自由貿易協定）やEPA（経済連携協定）、各国の規制や税コストの複雑性も考慮しなくてはなりません。貿易戦争真っただ中な現代において、グローバルロジスティクスのトータルコストを考える際に、荷役費、保管費、輸送費などの物流コスト把握だけでは片手落ちになります。規制によっては、急遽供給不可能になる製品や地域も出てくることでしょう。税コスト並びに規制の、自社のビジネスに与える影響は甚大でしょう。国と地域間の協定、規制や税コストへの最新動向に常にアンテナを張れるよう、専門知識を持つス

タッフやチームを置いて対応することが不可欠となります。

　４つ目の課題は、最新テクノロジーの活用推進です。昨今のトレンドとして、人工知能、ビッグデータ、IoT(注)、ブロックチェーンなどのデジタル技術が導入され、物流の可視化・追跡、在庫管理、配送効率の改善、顧客ニーズの把握など、様々な業務に活用されてきています。

（注）　IOT とは、Internet of Things の略語で「モノのインターネット」とも呼ばれる概念です。
　　　様々な物理的なデバイスやオブジェクトがインターネット中で相互に通信し、データを交換する仕組みです。

　デジタル技術の活用は、ビジネスの効率性と意思決定のスピード、特に有事の意思決定に影響を与えます。グローバルにビジネスが広がり、需要地及び供給地で常に何かしらの問題を抱えた“常に有事”とも呼べる時代になってきています。その対応には、リソースであるヒト、モノ、カネや情報の動きを常に把握しておく必要があります。

　課題の５つ目は、サステナビリティへの配慮です。サステナビリティには、環境面と社会面がありますが、環境面でいえばCO_2排出量算定と削減などはグローバルロジスティクスを語る上では、必要不可欠でしょう。社会面でいえば、クリーンなサプライヤー選定などが挙げられます。品質・コスト・納期や物流サービスレベルだけで、国際分業を考えるのではなく、非財務情報も最適化したロジスティクス構築を目指していかなければなりません。

　６つ目は、優秀な人材の確保です。グローバルロジスティクスでは、ロジスティクスの知識に加えて、先に説明した FTA や EPA などの政治的動向や最新テクノロジーの情報収集力、そして言語能力も当然求められます。また、日本の常識は世界では通用しないため、グローバル視点と基準も持ち合わせている必要もあります。

　特に、物流インフラである公共交通網（道路、線路）、港湾・空港は、

各国により事情は様々です。陸上輸送でいえば、日本国内はトラック輸送が主流であり、トラックが走る道路の整備状況も良く、ドライバーの運転スキルも高く荷扱いも良いため、コンテナ内での荷崩れ発生は少ないです。

　しかし、海外、例えばアジアとヨーロッパを繋ぐ国際鉄道サービスでは揺れによる荷崩れもありますし、盗難のリスクもあります。とある大手女性下着メーカーでは、国際鉄道での積み替え時もしくは停車時に、転売を目的とした盗難被害が多発していました。盗難自体をなくすことは、1企業では対応が難しいため、その企業では外装に商品名やブランド名の記載をしないことで、盗難を防止することに成功しました。こうしたグローバル視点や基準もグローバルロジスティクスに携わる人材には求められるのです。

　今後、これら求められる能力の水準がさらに高くなっていくことは想像に難くありません。そのため、今後の課題としては、優秀な人材をいかに獲得できるか、そして企業として育てられるかということになるのです。

　このように、グローバルロジスティクスの課題は、多岐に渡ります。そして、グローバルロジスティクスの複雑性が増すのに比して、その課題解決の難しさも増していくでしょう。その解決には、企業連携や業界連携などが、これまで以上に必要になっていくことでしょう。

V 情報システムの活用

1 物流に関わる情報システム・DX

　世の中の物量や出荷頻度の増加により、システムなしでは管理できない環境になってきており、物流領域のシステム化は進んでいます。また、人手不足や物流事業者の労働環境向上に向けた法規制の変化に伴い、自動搬送機やIoT機器などのデジタル技術を活用した物流DX（DX：デジタル・トランスフォーメーション〈デジタル技術を活用し、産業の様々な課題解決を実現すること〉）が進んできています。

　このように物流DXを進めていこうと考えている企業は多いと思いますが、何を目的として物流DXを行うかの整理はできているでしょうか。

　例えば、倉庫内の作業に手作業が多く、工数が増大し、コストも多くかかっている企業であれば、業務効率化・省人化を目的とした自動化技術の適用を行うことが考えられます。また、対顧客視点で考えると、自社サービスの信頼獲得を目的に、顧客が発注した商品をトレースして配送状況を確認できるサービスを提供することが考えられると思います。

　物流DXを進めていく上でまず着手すべきことは、自社の置かれている現状を把握することです。その上で、内部視点（社内視点）と対顧客視点での改革方向性を定め、課題解決に向けてデジタル技術を手段として活用していくことが重要です。

また、物流 DX を進めていく上では、その基盤となる情報システムの構築は必須のものとなりつつあります。代表的なシステムと言えば、倉庫管理システム（WMS：Warehouse Management System）が挙げられます。スタンドアローンに近い状態で使用される例もありますが、通常は、基幹システムとデータ連携のもとに導入・使用され、物流全体を管理するシステムとして輸配送管理システム（TMS：Transport Management System）と併用されることも多いかと思います。さらには、RFID（非接触でデータを読み書きできるシステム）やバーコードを用いた入出庫登録や IoT との連携など、様々なシステム、ツールと連携して運用していくこととなります。

　物流管理としては、倉庫管理システムや輸配送管理システムが中心となりますが、実際には、他システムと連携して業務を行っていくことになるため、物流管理に関わるシステムのみに焦点を当てて最適化するのではなく、全体最適な業務、システム構築を念頭に置き、情報システムを構築していくことが必要です。

　ここからは、システム導入における失敗例と留意点について説明していきます。物流管理のシステム導入における主な失敗としては、以下の2点が挙げられます。
　①　システム要件定義の抜け漏れ・不備
　②　標準化の不徹底による必要以上の機能実装
　①システム要件定義の抜け漏れ・不備は、将来業務設計がうまくできていないことによって発生します。あるべき業務プロセスを設計する段階で、自社に必要な業務機能を抜け漏れなく洗い出し、システム導入後の業務はどのように変わるのかを十分に検討してシステム機能要件に落とし込むことが重要となります。
　また、他システムとの連携を理解せずにシステム導入することで、非

効率なシステムとなってしまう場合もあります。留意すべきことは、企業全体の業務機能がどのように関連しているかを把握しておくことです。業務機能の繋がりを整理し、どのような情報がどこで（どのタイミングで）受け渡しされるかを把握することで、他システムとの連携の必要性を認識できることと思います。

　②標準化の不徹底による必要以上の機能実装の原因としては、現状業務機能をそのままシステムに置き換えることによる必要以上の機能実装とシステム導入後に現場からの追加機能要望に対してすべて該当システムで対応することが挙げられます。

　繰り返しになりますが、あるべき業務プロセスを設計した上でシステム機能に落とし込むことが重要となります。この時に業務の標準化を行わず、自社独自の業務機能をそのままシステムに置き換えようとすると個別カスタマイズが増え、結果として導入費用の増大にも繋がります。自社独自の業務機能は本当に必要なのか、必要な場合、構築するシステムの機能として必要か、他のシステム・ツールで代用できる余地はないのかを十分に検討することが重要です。

　現場からの追加機能要望に対しても同様で、該当システムの機能として必要な機能なのかを適切に判断し、対応していくことが必要ですが、そもそも業務設計時に、ユーザー部門の業務理解と問題認識を踏まえた業務標準化・業務設計を行い、システム検討を行うことが重要です。

　情報システムの導入やDX推進の"要"は現状の実態把握を踏まえた業務改革構想にあります。手段先行の単なるシステム・ツール導入に終わらせることなく、企業としてどういう成果を得たいかという目的を明らかにし、全体最適な改革を進めていくことが重要です。

2 倉庫管理システムとは

　倉庫管理システム（WMS：Warehouse Management System）とは、倉庫における「物」と「作業」の管理を効率的に行うためのシステムです。

　WMS を使用することのメリットとしては以下3点が挙げられます。

① 入荷・保管・出荷管理と見える化
② 作業の効率化・正確化
③ 正確な在庫・管理情報のデータ化

　1つ目の入荷・保管・出荷管理と見える化は、入出荷と保管の管理がシステム管理となり、大規模なデータの管理が容易になることと、物品のステータス情報などが明らかになり、倉庫の状況が見える化されるということです。

　2つ目の作業の効率化・正確化ですが、例えばWMS のピッキングリスト作成機能活用により、品目別や出荷先別、運送会社別に出庫指示が集約されたピッキングリストが作成でき、考える・歩く・探す時間を削減する最適なルートでのピッキング作業が行うことができるようになります。また、ピッキングリスト作成自体の時間も削減でき、効率的な業務が実施できます。また、ハンディターミナルなどと連携して、ピッキング時や梱包前の検品を行うことで、正確性の向上にも繋げることができます。

　3つ目の正確な在庫・管理情報のデータ化は、前述の検品の例の様にハンディターミナルでの情報の登録により、自動で正確なデータ作成が可能になる事や、登録された情報をもとに庫内作業の進捗管理ができる機能があります。物流部門だけでなく、営業部門などの他部門もリアルタイムに倉庫の状況を把握でき、迅速な情報共有が可能となります。

このように、WMS は現場作業と管理の両面で効果をもたらしてくれるシステムとなります。ただし、メリットを享受するためには、現場作業と管理業務の業務プロセスを丁寧に設計しておくことと、適切なパッケージ・ベンダー選定が重要となります。システム導入の成功は導入前の準備にあることを忘れないでください。

　ここでは、倉庫管理システムの主な機能について触れておきます。倉庫管理システムの機能は入荷・保管・出荷の機能を中心に、図に示した

〔図Ⅴ-1〕

入荷機能	入荷予定	・入荷予定データ受信 ・入荷予定データ照会/修正 ・売上返品データ受信 ・売上返品データ照会/修正	出荷機能	出荷予定	・出荷指示データ受信 ・出荷指示データ照会/修正 ・出荷予定取消
	入荷検品	・入荷ラベル印刷 ・入荷検品/実績入力 ・入荷差異チェックリスト作成 ・搬入実績/未搬入照会		在庫引当	・帳簿在庫引当 ・現品在庫引当 ・在庫引当状況照会 ・欠品リスト作成
	入庫	・入庫検品/実績入力 ・推奨ロケ指示 ・確定/訂正入力 ・格納/未格納照会		出庫指示	・ピッキングリスト作成 ・出庫検品/実績入力 ・小分け/梱包計算 ・シリアルNo.(ロットNo.) 管理
保管機能	在庫照会	・現品在庫照会 ・帳簿在庫照会 ・WEB在庫照会 ・倉庫別在庫照会		出荷準備	・納品書作成 ・荷札/送り状作成 ※随時：流通加工入力
	在庫調整	・ロケーション移動 ・在庫状態変更 ・在庫加工指示 ・在庫加工実績入力		積込出荷	・荷合せ/荷揃え実績入力/照会 ・積込リスト作成 ・積込実績入力/照会 ・出荷実績/照会
	棚卸業務	・棚卸指示照会/リスト作成 ・棚卸実績入力/照会 ・棚卸差異照会/リスト作成 ※循環棚卸/一斉棚卸対応	共通業務	分析管理	・作業進捗管理 　(入荷/出荷/棚卸/補充等) ・作業履歴照会 ・作業生産性照会
	補充業務	・補充マスタ設定 ・定期補充/緊急補充指示照会 ・定期補充/緊急補充指示リスト作成 ・補充実績入力		内部統制	・ログイン/セキュリティ認証 ・言語切替 ・権限別メニュー画面

ような機能を有していることが多いです。

　まず、入荷機能についてですが、入荷予定情報を取得して事前準備を行い、実際の物品が入荷される際に検品が行われて、社内ルールに基づいた入荷受入の判断があり、その上で入庫されるという流れが一般的かと思います。この入荷予定情報は、基幹システム上の発注データや生産計画データをもとに作成される情報です。入荷予定情報と現物の照合結果の情報は、基幹システム側に戻され、発注残の管理などに使用されますので、基幹システムとの連携が必要となってきます。システム間連携においては、どのような判断で、何の情報を基幹システムに連携させるのかを明確にしておくことが重要になります。したがって、入荷予定情報との照合では、入荷受入判断の社内ルールを明確にしておくことが重要です。

　次は保管機能です。WMS で管理する保管機能は現品管理を行う機能です。正しい数量と保管ロケーションが確認でき、その物品のステータスが管理できる機能があります。

　WMS 上の在庫量は理論在庫ではありますが、入出荷の実績に応じて随時データを更新しているため、原則として理論在庫と現物が一致します。一方、基幹システム上でも在庫が確認できますが、こちらは理論在庫の情報となります。そのため、棚卸作業で必要となる在庫差異の確認を基幹システムと WMS 上の在庫情報の突き合わせで概ね確認ができます。実地棚卸は必要な業務ですが、WMS を使用することで在庫差異を効率的に明らかにでき、在庫情報の精度向上が図れます。

〔図Ⅴ-2〕

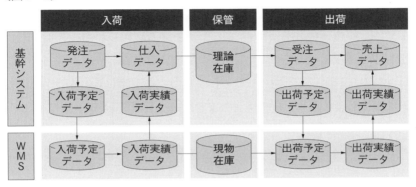

　また、物品のステータス管理ですが、一般的なステータスとしては、良品や不良品、廃棄品などのようなステータスがあります。このようなステータスは基幹システムと連携させ、良品は引当可能、不良品なら引当不可能とするなど、引当可否の判断に用いることができます。

　一方で、様々な要求から必要となるステータス情報（日付・ロット・温度帯など）は増えてきているかと思います。業務上、何のステータス情報が必要なのかはシステム要求事項を整理する際にあらかじめ洗い出しておきましょう。その上で、そのステータス情報の入力はどのように行うべきか、WMSで保持しているステータスを基幹システムに連携させる必要があるかどうかについて厳密に決めておくことが重要です。余計な業務の発生や追加のシステム開発、機能のダブりなどをなくすためによく検討されることをおすすめします。

　最後に出荷機能ですが、基幹システムから出荷指示を受けて、WMS上の在庫を引き当ててピッキング～梱包、出荷という流れで業務を行います。また、基幹システム側で出荷予定に対する消込を行うため、出荷実績を基幹システム側に戻してあげる必要があります。

この時、情報の精度やリアルタイム性を高めるためには、ハンディターミナルなどの利用が必要です。ハンディターミナル以外にも、ゲート型やアンテナ型のセンサーで IC タグを読み込み、出荷や入荷の登録ができるようになってきています。WMS への情報の登録方法として、自社の業務や取り扱う商品にはどのような方法が適しているのかをよく検討しておくことが重要です。

3 配送管理システムとは

配送管理システムとは何かを考える前に、まずは配送管理という業務について触れていきたいと思います。配送管理とは大きく配車計画と運行管理の 2 つの業務に分かれます。

配車計画とは、納品先や納品方面別にどのくらいの物量になりそうかを計画し、その計画に対して何トンのトラックが何台必要となるのか、そのトラックは何時に積込みをして何時に出発して何時に納品するかなどをトラックに割り当てていく車組みといった業務から構成されます。

運行管理とは、前述の配車計画に対する実績を収集し、進捗管理や結果としての QCD や安全性、環境性の良し悪しの把握、さらなる改善などから構成される業務です。

これらの業務はベテランの配車マンの長年培ってきた経験とカンによって成立しているケースが多く、属人化していて代替人材がいないというのが実態です。業務の中身としては、まだまだ帳票類は紙運用ですし、各種調整は電話やメール、現場での口頭連絡に頼っているアナログな世界でもあります。ドライバー不足が巷を騒がせていますが、ドライバーの方々の手配を担う業務スタッフにも限界が来ているのが実情です。そのような背景から、属人化の是正や紙などのアナログ業務の負荷軽減、管理レベルの向上を実現するために、上記のような業務をシステ

ム面から支援する配送管理システム（TMS：Transport Management System、以降 TMS と記載）というモノが生まれました。

　TMS には大きく２つの基本機能といくつかの付帯機能があります。まずは基本機能である配車計画機能と運行管理機能です〔図Ⅴ‐3〕。

〔図Ⅴ‐3〕

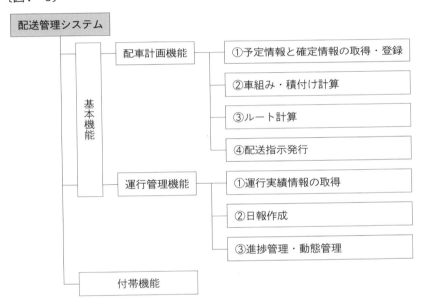

　配車計画機能には以下のような機能があります。

(1) 予定情報と確定情報の取得・登録

　(2) 以降の算出過程に必要となるインプット情報を取得・登録する機能です。予定情報には、販売計画や出荷計画、受注情報などがあり、これらの計画値をもとに先々のトラックなどの配車計画を作成する情報として活用します。確定情報には、出荷指示情報などがあり、これらの情報をもとに実際に配送するトラックなどの計画をしていきます。

（2）車組み・積付け計算

　予定情報または確定情報をもとに納品先別や方面別などで物量を集計し、手配可能なトラックに対して荷物の割付けを行い、何台トラックが必要となるか計算する機能です。従来では積載重量・積載容積が微妙に異なる複数車両に対して、重量も容積もバラバラな商品を割り付けるのはカンコツが必要な業務であり、担当者のスキルでカバーしていた機能となっています。システム内にこれらの計算の基礎情報となる車両マスタや商品マスタが整備されていれば、トラックが何台必要になるかを緻密に計算可能です。

（3）ルート計算

　トラック台数が決まった後に、それぞれのトラックがそれぞれの納品先をどのような順番で回れば良いのかを計算する機能です。カーナビのようなものと言えば理解し易いかもしれません。会社により異なりますが、積載効率が最大となる、走行距離が最短となる、走行時間が最短となる、などの条件を決めて計算します。ただし、カーナビを使ったことがある方ならば想像できるかもしれませんが、カーナビ通りに到着するのは難しいことが現実です。渋滞や工事、車高・車格制限など様々な理由でルート計算通りに走行することは難しいため、こと日本においてはかなり高度なシステムが必要な領域です。

（4）配送指示発行

　確定した配車計画をもとに自社ドライバーや運送会社に指示を出す機能です。運用によって分かれますが、自動で指示情報をメール送信したり、自動で印刷出力まで行った上で後はFAX送信したりと、様々な方法で指示が出されます。

　次に運行管理機能には以下のような機能があります。

(1) 運行実績情報の取得

デジタル・タコメーター（以下デジタコ）やドライバー端末などの機器から運行実績情報を取得・登録する機能です。デジタコには距離、速度、燃費、実車/空車、急発進・急ブレーキ回数などがあり、ドライバー端末には納品進捗や作業時間の内訳などが記録されています。これらの情報を TMS で一括して取得することが可能です。

(2) 日報作成

収集した実績情報をもとに日報などの帳票を作成する機能です。従来はドライバーが紙に記録、その後事務所の担当者が集約して Excel に転記するなどの運用で行われている業務になります。

(3) 進捗管理・動態管理

収集した実績情報をもとに配送業務の進捗を把握する機能です。機能によっては予定時間に対する遅延を通知するアラートを発信したり、GPS 機能がついていて現在地も含めて今どこにいるのかまで把握したりすることが可能な機能もあります。

基本機能の他にいくつか付帯機能もあります〔図Ⅴ−4〕。これらは必ずしも配送管理業務に必要というわけではありませんが、さらなる業務の付加価値向上や生産性向上に活用されています。

〔図Ⅴ-4〕

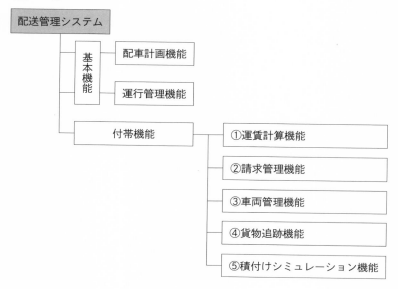

（1）運賃計算機能

運賃タリフから運賃を計算する機能です。配車計画時にコストを目的変数として計算するときに活用したり、請求するための運賃の計算に活用したりします。

（2）請求管理機能

運賃計算機能と関連して、運賃計算の結果を請求・支払業務まで連携させた機能です。具体的には請求書などの帳票発行などが主要な機能になります。

（3）車両管理機能

車検証情報、リース情報、整備履歴、事故履歴など車両に関連する情報を管理する機能です。車検時期が近づくと管理者に通知を発信したり、未整備の車両があった場合、配車計画に割り付けることをできなくしたりする機能があります。

(4) 貨物追跡機能

顧客が荷物の配送状況をモニタリングできる機能です。インターネット通販がイメージし易いかと思いますが、問合せ番号などを発行し、問合せ番号とオーダーとを紐づけてその時点でのステータスを照会できるようにするサービスに活用されます。

(5) 積付けシミュレーション機能

より高度な積付け計算機能です。商品の重量や容積だけでなく、3Dモデルなどを用いて実際の寸法をもとにどのように積付けすれば最も積載効率が高くなるのかをシミュレーションできることが特徴です。

様々な機能があり便利そうなTMSですが、ほとんどの会社で導入に失敗しているのが実情です。開発した結果使えないシステムになっていたり、投資コストが多額になってしまったり、要件が詰まりきらずに断念したりと失敗の背景は様々ですが、このような失敗にはいくつか理由があります。

(1) システム化範囲が広すぎる

1つはなんでもかんでもシステム化しようとしてしまっているということです。特に配車計画では、様々な制約条件やイレギュラーに対応しながら日々業務を行っています。それらに全て対応するようなシステムを開発しようとするとどうしても個別のカスタマイズ対応が多くなりがちです。その結果、要件は複雑化し、コストも膨れ上がることになってしまいます。どこまでをシステムでカバーするのか、しないのかをしっかり区分けすることが重要です。

(2) 業務内容がブラックボックスのまま開発を進める

次に業務を可視化せず曖昧なままシステム開発を進めてしまっているということです。配送管理業務は属人化している場合が多く、担当者にしか業務の全容が分からないことがほとんどです。そうした業務に関す

るノウハウが暗黙知になったままシステム開発を進めても意味がありません。まずは、担当者も交えて業務内容を全て可視化し、その上で今後どのような業務にしたいのかを設計することが重要になります。

（3）機能にカンペキを求めすぎる

　最後に行き過ぎた期待をもっているということです。配車管理業務は複雑ですので、TMSを導入したからといって1から100まで全てをシステムが自動でやってくれることはあり得ません。どこかで必ず人手による修正を入れる必要が出てくる部分は発生します。しかしながら、導入する側にとっては全て自動化される、といった期待値が高く、結果として期待外れになってしまい使わなくなってしまうといったケースが各社で発生しています。全てが自動になるわけではないと、一種の割り切りをしながらシステム要件の検討を進めることが重要になります。

　失敗する理由を説明してきましたが、逆に言えば、上記で挙げたポイントを抑えておけば導入の成功率は上がります。システムで対応する範囲とそうでない範囲を区別した上で、しっかりと配車担当者と目指すべき配車管理業務の要件を明確化しながら落とし所を模索することで検討はうまく進みやすいでしょう。そうすることで、自社に合ったTMSベンダー、パッケージなどを選定し投資対効果も良くTMSを活用できるはずです。

4　注目すべき情報技術

　国土交通省が発表している「総合物流施策大綱（2021年度〜2025年度）」で提言されている指針の1つに「①物流DXや物流標準化の推進によるサプライチェーン全体の徹底した最適化（簡素で滑らかな物流）」というものがあります。これには、「物流デジタル化の強力な推

進」という項目が含まれており、政府としても物流DXは推進していきたいという意向が強いようです〔図V-5〕。

〔図V-5〕

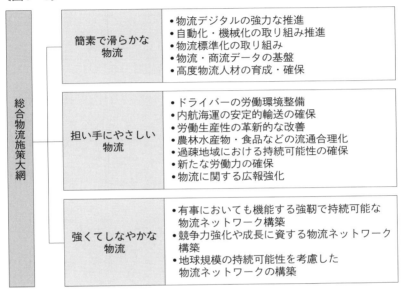

総合物流施策大綱	簡素で滑らかな物流	・物流デジタルの強力な推進 ・自動化・機械化の取り組み推進 ・物流標準化の取り組み ・物流・商流データの基盤 ・高度物流人材の育成・確保
	担い手にやさしい物流	・ドライバーの労働環境整備 ・内航海運の安定的輸送の確保 ・労働生産性の革新的な改善 ・農林水産物・食品などの流通合理化 ・過疎地域における持続可能性の確保 ・新たな労働力の確保 ・物流に関する広報強化
	強くてしなやかな物流	・有事においても機能する強靭で持続可能な物流ネットワーク構築 ・競争力強化や成長に資する物流ネットワーク構築 ・地球規模の持続可能性を考慮した物流ネットワークの構築

　日々コンサルティング実務でクライアントの現場に携わっている筆者達としても、物流の現場は他産業よりIT技術の導入がかなり遅れているという背景も踏まえて、先進的な技術を導入することは喫緊の課題と認識しています。

　本章の最後として、昨今注目されている情報技術のトレンドについていくつか触れていきたいと思います。

AI技術の活用

　物流DXの中でもAIの活用は重要な要素の1つです。いくつかの領域に分けて紹介します。

（1）AI 画像認識技術を活用した画像検品ソリューション

　主な機能は設置されたカメラで対象の商品を撮影し、その商品がオーダー通りかを自動で判定するものです。最近では専用のカメラではなく市販のビデオカメラや監視カメラのような汎用品で適用できたり、学習時間も短くなってきたりしており導入ハードルは低くなってきているようです。

（2）AI 画像認識技術を活用した動線分析や作業分析ソリューション

　動線分析や作業分析はどちらも従来は人手によって実際に現場を見て回ったり、ビデオやストップウォッチを用いて時間計測したりする必要がありましたが、これら一連の作業が自動化されるものです。改善のためのPDCAサイクルを高速で回すためには、この分析時間がボトルネックとなっていましたが、この部分を削減し改善施策の検討に十分に時間を充てられるようになってきています。

（3）配車計画における AI 最適ルート計算ソリューション

　これまでは統計データを用いながら計算していましたが、実際の配送実績やドライバーのスキルなどを加味した上でAIによって最適化計算を行うことができるようになってきています。従来では細かい条件や制約を加味することはできなかったため、より精緻で正確なルート計算が可能になり、効率を追求できるようになることが期待されます。

（4）AI 空間認識技術を活用した積載率算出ソリューション

　対象となる車両の荷室やトラックの容積に対して、商品がどのくらいの容積を積み込まれたのかをカメラで撮影することで算出することが可能です。従来は商品ごとに容積マスタを整備して計算するという手法しかなく、管理コストや精度に懸念がありました。しかし、このようなソリューションはマスタを必要とせずにカメラで撮影するだけで積載率が把握可能であるため、手間をかけずにより正確な情報が把握できます。このような技術が積載率の改善などに役立つことが期待されます。

🚚 シェアリングプラットフォーム

　昨今の物流領域では需給バランスが崩れつつあります。EC市場拡大をはじめとして国内物量は増加する一方で、それらを運ぶ輸配送能力は減少する傾向です。ドライバーも商品を置くスペースも不足している状況下でシェアリングエコノミーという分野が注目されています。配送車両や倉庫スペースを複数事業者でシェアすることによって供給能力を底上げしようとするものです。

　特にラストワンマイル領域の取り組みではドライバーのマッチングプラットフォームが台頭してきています。このサービスは例えるならばUber Eatsのような仕組みであり、荷主が配送したい商品に対してドライバーがマッチングされて、それを配送してもらうというサービスです。荷主にとっては突発的な対応に応じてもらえますし、運送事業者にとっては稼働率を上げることができるため双方にメリットがあります。

　一方で庫内領域では荷主・倉庫マッチングプラットフォームがあります。商品を保管したい荷主と空きスペースが発生している倉庫をマッチングさせるものです。物流現場には繁閑による物量波動が必ず存在します。荷主にとってはピークに合わせて保管スペースを確保してしまうと、ピーク期以外はムダになってしまいますし、倉庫にとっては空きスペースが発生してしまい稼働率が下がってしまいます。このようなプラットフォームがあることで双方のロスを解消することが期待できます。

🚚 WCS・WES

　本章で紹介してきたとおり、庫内における主要なシステムはWMSです。最近ではマテハン設備の導入も増えてきていますので、これらマテハン設備を制御するためのシステムも重要となってきています。

　このシステムはWCS（Warehouse Control system）というもので、

庫内で稼働している設備に対して制御・指示を発するためのシステムです。例えばコンベアの分岐制御や自動倉庫のクレーンやシャトルにおける格納・出庫の搬送制御、ソーターの仕分け制御などが挙げられます。WMSとWCS、合わせて2つのシステムが近年の物流センターにおける主要なシステムです。

　このことについて重要な問題は、庫内を統合して管理するシステムが存在しないということです。WMSはあくまで入出荷のモノの動きを管理する機能ですので、人や設備が実際にどのように稼働しているのかはほぼ把握することは難しいです。また、一方でWCSは設備1つ1つ独立して存在しているためこれらを連動・連携させようとすると個々にそれぞれ情報連携が必要になり改修コストが嵩みます。

　これらを解決するためにモノと人と設備を統合管理するという役割としてWESが注目されています。WESは前述のとおり、従来WMSではカバーできなかったヒト（＋設備）への指示や稼働管理を行い、各設備で独立したWCSでは手間がかかる相互連携を一元化する機能を持たせるものです。

〔図V-6〕

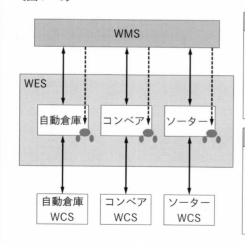

【従来】WESがない場合
・それぞれの設備とWMSが1対1で連携する。
・作業者に対してWMSから指示が出ているが、横串での連携は取れていない。

【将来】WESがある場合
・WESが導入されていることによって独立していたそれぞれのプロセスを一元的に可視化、管理することでリソースを最適に活用することが可能。

システムベンダーではまだ完全なパッケージがリリースされてはいないようですが、今後物流現場を担うシステム領域であると認識しておくべきでしょう。

　以上のような技術が今後物流業界の生産性向上や付加価値向上に寄与することと思います。ただし、こういったソリューションはあくまで手段だということを念頭に置いておくことが必要です。これらの技術を使いこなすためには、これらの技術を使って「何がしたいのか」を明確にすることが重要となります。

VI 物流の改善

1 物流改善の体系・メニュー

　物流改善は、前述したとおり、いくつかのレベルに分けて実施していくことが基本となっています。

　それは、大きく3つのレベルがあり、

| レベル1 | 投入する基準単価、コスト料率の低減 |

| レベル2 | 各プロセスでのパフォーマンスの向上 |

| レベル3 | プロセス（構造）そのものの省略・変革 |

が基本となっています。

　レベル1である、投入する基準単価、コスト料率の低減は、過去までの物流改善の中では、主要な施策として検討されていましたが、現在の情勢を踏まえると、単価の見直しのみに着手することは難しい状況にあります。

　レベル2では、実際に各プロセスでかかる単位あたりの工数を減らしていく取り組みになるため、各プロセスの個別改善の取り組みが、成果に繋がっていくことになります。ただし、これは、荷主と作業委託を受けている物流事業者が協力して実施していくことが必要になります。

　レベル3では、現在の物流体制の前提となっている納入条件の見直しや、物流構造の見直しまで含めて実施することになるので、難易度は高

いですが、効果も大きい取り組みとなります。

　そのため、今後の物流改善の取り組みは、レベル2及びレベル3を融合させたものが必要と言えると思います。

　レベルごとの具体的な改善テーマについて、〔図Ⅵ-1〕にまとめました。

〔図Ⅵ-1〕

提供する物流サービス（納品条件）			基本的な考え方	主要な施策
	事業戦略・計画	ロジスティクスネットワーク構造変革アプローチ	・企業内（荷主内）ロジスティクス・サプライチェーン構造見直しに踏み込む。	・物流拠点の再編・統合（国内・グローバル） ・販売・流通ネットワークの再構築 ・物流共同化（共同配送・共同集荷・共同調達）推進 ・アウトソーシング・物流内外作の変更 ・需給プロセス見直しによる在庫削減
	ロジスティクス戦略・計画			
	ロジスティクス機能計画	物流オペレーション改善・効率化アプローチ	・運送・倉庫（荷役保管）それぞれについて、改善により効率を高める。	・配送モード最適化・最短化 ・車輌三元率向上 ・方法改善と生産性向上 ・業務標準化推進と変動要員拡大 ・自社倉庫の最大活用 ・スペース効率向上
		契約水準評価・変更アプローチ	・協力会社・派遣会社等との契約方式を改める。	・固定契約・変動契約の方法見直し ・料率査定に基づく料金改定 ・他社ベンチマーキングの活用

　〔図Ⅵ-1〕の記載のとおり、レベル3については、事業を行う上での前提条件を見直していくことになるため、事業としての戦略や計画と連動した見直しが求められることとなり、より全社的な取り組みとなることを押さえておいてください。

　また、レベル2では、輸配送に関わるプロセスの改善として、「配送モード最適化」「車輌三元率向上」があります。荷役に対する改善とし

て「方法改善、生産性向上」「業務標準化推進と変動要員拡大」といった
テーマが挙げられます。また、保管に対する改善としては、「自社倉庫
の最大活用」「スペース効率向上」といったテーマが挙げられます。

　ただし、上記の改善テーマを実施していくにあたっても、むやみに見
境なく取り組むことは、ナンセンスです。

　問題解決を行う際の王道として、現状把握を行い、問題点及び要因の
整理をした上で、重点化をして改革テーマに取り組んでいくことがポイ
ントになります。

　現状分析をする上で、まずもって重要なのが、物流コストを見える化
することです。

　企業全体としては、売上高全体に対して、物流コストがどれだけか
かっているかを、売上高物流費率として整理している会社は、多くあり
ます。ただし、それが企業における本当の物流コストを表しているかと
いうと、そうでないことが多いのが現実です。

　例えば、販売物流に関わるコストについては洗い出しができている
が、調達物流や生産物流に関わるコストが洗い出せていないということ
がよくあります。同様に、外部流出しているコストは把握できている
が、社内で行っている荷役作業などについては、製造原価として内包さ
れてしまっていて、見えていないということもよくあるパターンです。

　そのため、まずは物流に関わるコストを、実態として定量的に洗い出
すことが重要です。見える化を行うことで、サービス（外部に対して売
上が発生する仕事＜保管、輸配送、流通加工など＞）の原価を算出し、
損益を把握することに繋がります。もう１つは、原価の実態をつかみ、
原価の改善重点を明らかにし、その改善と管理を行うことに繋がります。

　実際にコスト分析を実施する際には、原価要素別や、物流機能別（包
装費、輸配送費、保管費、荷役費、流通加工費など）、物流領域別（調達

物流費、社内物流費、販売物流費、返品物流費、廃棄物流費）などで切り分けをして実施していくことが重要です。

　原価要素別のコストの見方は、〔図Ⅵ-2〕のような形で見ることが多いため、経理データなどをもとにしながら、仕訳をして整理していくことが重要となります。

　現状分析ができたあとには、問題点の整理と要因の深堀が必要となります。その際には、多くの問題が絡み合っていることが多いので、結果と要因の関係を整理する問題構造の関連図にして整理すると、整理がしやすいと思われます〔図Ⅵ-3〕。

〔図Ⅵ-2〕

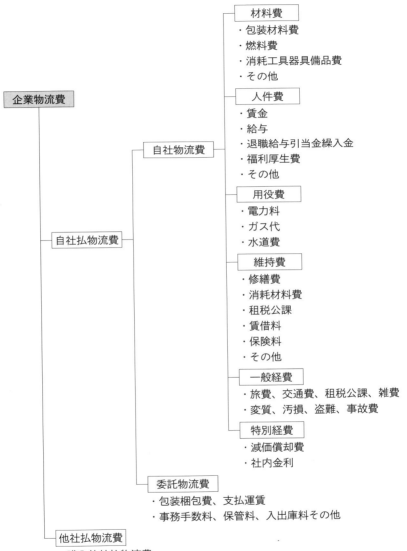

〔図Ⅵ-3〕

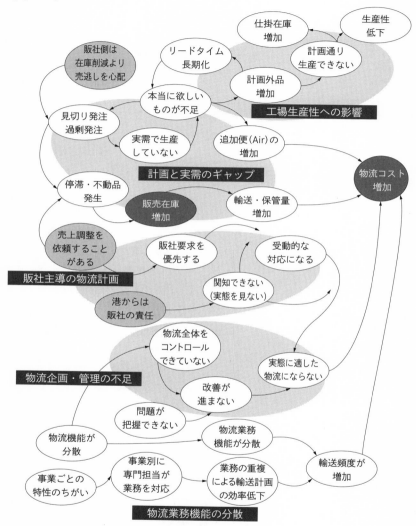

　このように原因の整理まで実施した上で、上述した改善テーマのどこ
を重視して取り組むべきか判断し、具体的な取り組みに進んでいくこと
が重要となります。

VII 物流の構造改革

1 物流構造改革の基本的考え方

　皆さんは日常生活の中でインターネット通販（EC）を利用したことがあるでしょうか。ここ数年はコロナ禍ということもあり今まで以上にECを利用した方が増えたのではないかと思います。あらゆるものがインターネット上で購入することができ、さらにはその商品が翌日ないしは数時間というリードタイムで配送される世の中になりました。今や当たり前と認識される各社通販事業者や宅配事業者に代表される配送サービスは綿密に設計された物流構造によって支えられています。

　物流構造とは、生産したり、仕入したりした商品が顧客に納品されるまで一連のプロセスやそれらのプロセスを支える物流ネットワークや物流拠点を指します。商品が無事納品されるまでには、トラックによる陸送などをはじめとする輸配送機能が必要ですし、大元の生産工場や大型倉庫などの拠点や中継地には庫内における諸機能が必要です。顧客が満足するレベルで商品を納品するために、いかにして物流構造を設計するのかがビジネス上重要なポイントになります。

　昨今では事業環境の変化が激しく、これまでの物流構造では顧客に対して十分なサービスを提供できなくなります。例えば、冒頭に記載したようなECのオーダーは小口・多頻度であり、従来の物流とは対照的な特性を持っています。これに加えて短納期、時間指定などに対応しなけ

ればならないことから、これまでの物流拠点では、処理能力も追い付かなければ、時間にも間に合わず対応が難しくなっている状況です。このような事業環境の変化に従い、顧客が要求するサービスレベルに対応するために、既存の物流構造を改革することが求められています。

物流構造改革についてはいくつかの視点があります〔図Ⅶ−1〕。

〔図Ⅶ−1〕

| 1．経営戦略において、ロジスティクスが果たすべき役割・機能の明確化 | ・強み・付加価値の源泉としてロジスティクスがあるか
・「当たり前レベル」を実現するために、ロジスティクスが隘路となっていないか
・単純にQCD（特にコスト）を管理すれば済む話か |

| 2．ロジスティクスに求められる経営成果の明確化（基本設計スコープの確認） | ・上記の役割・機能に基づいて、経営成果を明確化する
・付加価値型…顧客サービス水準の達成度
・効率向上型…QCDそれぞれの水準達成度 |

| 3．ロジスティクス設計のコア機能設定（どこまでを自前で行うべきか） | ・役割と経営成果・スコープから、必要な自前機能の明確化（物理的な資産・コントロール機能・人員）
・自前機能の役割・対象・成果範囲の明確化
・自前機能にかけられるコスト、投資対効果の明確化 |

| 4．ロジスティクスコントロールのありかた設計 | ・自前・委託を含めたロジスティクス機能の管理方法（見える化・予実管理・PDCAサイクル）設計
・管理のための組織・階層構造の設定 |

**経営戦略において、ロジスティクスが果たすべき
役割・機能の明確化**

　全社方針となる経営戦略におけるロジスティクスの位置づけをまず明確にする必要があります〔図Ⅶ-2〕。ロジスティクスそのものが事業における競争力の源泉となっているのか、それとも競争力を発揮するために必要な機能なのか、またはただ単純に最低限の品質、納期でかつ低コストで運用できれば良いものなのかということを考えます。

　例えばAmazonはまさしくロジスティクス自体が競争力の源泉です。有料会員であればほとんどが翌日、ないしは数時間以内に自宅に配送されるという驚異的な顧客サービスを展開しています。

　一方でロジスティクスが競争力を発揮するために必要な機能となっているのは自動車メーカーなどに代表されるJIT生産体制が挙げられます。多品種少量でかつ、それらを同じライン生産し、緻密に部品サプライヤーとの連携をとり停滞させることなく運用しているものづくりこそがこれらの企業の競争力の一要素です。ただし、必要なものを、必要なときに、必要な量だけ、現場に供給するためにはロジスティクス管理機能が必要不可欠です。ここまで事業競争力に関わる例を紹介してきましたが、関わらないケースも当然あります。その場合は、最低限のQCDを担保する（特にコストは抑える必要がある）機能が求められます。

〔図Ⅶ-2〕

ロジスティクスが付加価値の源泉となっている

- Amazon の流通モデル（自前化と先行投資によるノウハウ蓄積）
- ロジスティクスサービスの提供水準そのものが「儲ける仕組み」の成立を左右している
- 事業戦略の「幹」としてのロジスティクス設計が不可欠
- 本当にロジスティクスが付加価値の源泉となっているのか、客観的な検証が不可欠

強みは他にあるが、ロジスティクスが隘路となっている

- 製品や提供サービスなど、強みの源泉を持っていながら、ロジスティクスの弱さが「足かせ」となっている企業
- 事業戦略の実現を阻害する要因として、弱みを克服する取り組みが不可欠となる
- 品質及び納期課題が中心となることが多い
- 多くはロジスティクス機能設計（特にアウトソーシング意思決定）に問題があるので、そこに着目して再設計を行う

効率向上により経営効率に寄与する余地がある

- 儲ける仕組みにおいてロジスティクスが中核になっているわけではなく、機能の弱さが足を引っ張っているわけでもない
- ロジスティクスの管理は、部門レベルで十分であることが多い
- コストダウンや在庫削減などの効率化テーマが中心となる
- 事業戦略そのものに大きな影響を与えるのではなく、効率化による（部門としての）貢献度拡大を中心に志向する

🚚 ロジスティクスに求められる経営成果の明確化 （基本設計スコープの確認）

　経営戦略におけるロジスティクスの位置づけが明確になれば、おのずとロジスティクスが実現すべき経営的な成果も明確になってきます。経営的な成果は、効率向上型と付加価値型に分類できます。

　効率向上型については、QCD をいかにして要求される水準まで引き

上げるということが重要になります。前述の JIT 生産体制の例で触れましたが、競争力を発揮するためにどのような機能が求められ、実行するのかを検討することが必要です。当然、いかにコストを抑えていくのか、ということも重要な要素となります。

　一方で、付加価値型は上記に加えて顧客に提供すべきサービス水準をいかにして達成するのかを検討することが必要です。時間指定やリードタイムなど納品時間に関わるものもあれば、在庫アイテムの品揃えや、流通加工などの付帯作業などが付加価値の要素として挙げられます。事業特性によって、どのような付加価値が求められるかは異なりますがこのような付加価値を実現するための機能として何が必要となるかを明確にすることが重要になります。

🚚 ロジスティクス設計のコア機能設定 （どこまでを自前で行うべきか）

　ロジスティクス機能としてやるべきことが決まれば、その機能を自社でやるべきなのか、自社でやるべきだとすればどこまでを行うべきかという自社としてのコア機能を設定する必要があります。現実問題として、自社にどれだけのヒト・モノ・カネといったリソースやコントロールするノウハウを持っているのかということが判断基準の１つになりますが、将来的なありたい姿を描いた上で意思決定することも必要です。

　コア機能とならない機能については、委託という形で運用することになります。自社で実施するにしても、委託で実施するにしても、それぞれの役割、対象範囲や、その中でのような成果を出すのかを明確して、コストなどを中心に投資対効果を加味した上で設定していきます。

　マネジメント体制を設計することも重要です。自社・委託を含めてロジスティクス機能に対して、どのようなKPI体系を設計し、それらを日々どのように見える化・改善していくのかを検討する必要があります。

　また、このようなPDCAサイクルを回すための組織を設計するということも重要となります。

　ここまでが基本的な考え方となります。次項からはもう少し掘り下げてネットワークや拠点の設計の考え方に触れていきたいと思います。

2　物流ネットワーク設計とは

　物流構造を具体的に物流ネットワーク設計と物流拠点設計とに分け、それぞれどのように検討をするのかについて触れていきます。まずネットワーク設計についてですが、ネットワークには大きく4つのパターンがあります〔図Ⅶ−3〕。

〔図Ⅶ-3〕

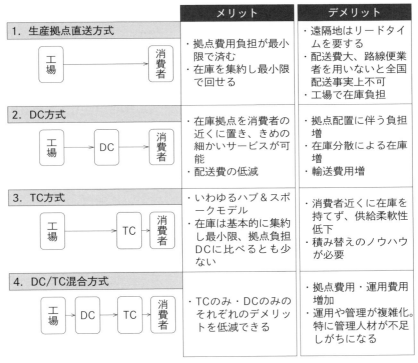

	メリット	デメリット
1. 生産拠点直送方式 工場 → 消費者	・拠点費用負担が最小限で済む ・在庫を集約し最小限で回せる	・遠隔地はリードタイムを要する ・配送費大、路線便業者を用いないと全国配送事実上不可 ・工場で在庫負担
2. DC方式 工場 → DC → 消費者	・在庫拠点を消費者の近くに置き、きめの細かいサービスが可能 ・配送費の低減	・拠点配置に伴う負担増 ・在庫分散による在庫増 ・輸送費用増
3. TC方式 工場 → TC → 消費者	・いわゆるハブ＆スポークモデル ・在庫は基本的に集約し最小限、拠点負担DCに比べるとも少ない	・消費者近くに在庫を持てず、供給柔軟性低下 ・積み替えのノウハウが必要
4. DC/TC混合方式 工場 → DC → TC → 消費者	・TCのみ・DCのみのそれぞれのデメリットを低減できる	・拠点費用・運用費用増加 ・運用や管理が複雑化。特に管理人材が不足しがちになる

DC（Distribution Center）：在庫拠点
TC（Transfer Center）：積替拠点

生産拠点直送方式

　このパターンは工場から中継拠点を挟むことなく直接配送する方式になります。このパターンのメリットとしては拠点費用の負担や在庫を最小限に抑えることが可能になるという点です。その反面デメリットとしては出荷拠点が工場だけとなってしまうため、入出荷や在庫保管といった物流業務に必要なスペースが必要になることや、配送距離が伸びることによって配送コストの負担が増えることが挙げられます。

107　　　　　　　　　　　　　　　　　　Ⅶ　物流の構造改革

🚚 DC方式

DCとはDistribution Center（ディストリビューション・センター）の略です。工場倉庫より顧客に近いエリアに立地する在庫拠点であり、顧客に対して当日〜翌日程度のL/Tで納品することができます。メリットとしては在庫拠点を消費者の近くに置くことで配送リードタイムだけでなくきめ細かいサービスを提供することが可能です。また、配送距離が短縮できるため配送費の低減が期待できます。一方、工場からDCへの輸送が増えるため、こちらはコスト増の要因となるので注意が必要です。

他のデメリットとしては拠点数が増えることに伴って、拠点コスト（保管費、人件費など）が増加したり、在庫が分散したりすることによって在庫が増加してしまうことが考えられます。

🚚 TC方式

TCとはTransfer Center（トランスファー・センター）の略です。DCのように工場と顧客の間に立地しますが、基本的に在庫拠点としての機能を持たずに、入荷してきた商品をその場で仕分けて配送するという積替拠点としての機能をもつことが特徴になります。メリットとしては、在庫を最小限に抑えることになるため、物流拠点の負担がDCと比べると少ないという点です。デメリットとしては消費者近くに在庫を持てないため供給の柔軟性に欠けるという点、また運用の特性上、複数拠点から入荷した商品を仕分ける必要があるため、いかにミスなく、迅速に作業を行えるかというノウハウが必要となります。

🚚 DC/TC混合方式

前述の説明であったようなDC方式とTC方式のデメリットをうまく

解消することを狙ったパターンです。デメリットとして拠点数が増加してしまうためコスト増になります。加えて、DC方式とTC方式を並行して運用するため、複雑な管理体制や運用ノウハウが求められるので管理人材が不足するといったリスクが想定されます。

　以上のようなパターンを組み合わせて物流ネットワークを設計します。いずれにせよ事業特性に即したモデルを設定するということが重要になります。

　次にどの物流ネットワークモデルのパターンを採用すればいいのかについて説明します。重要なポイントは、「D：納期」「R：リソース」「C：コスト」の順番で評価を行い、判断していくことです〔図Ⅶ－4〕。

〔図Ⅶ－4〕

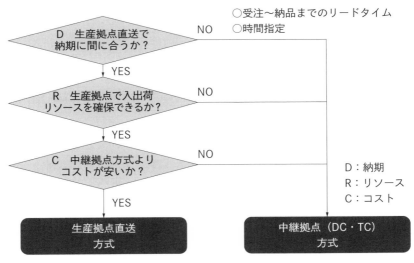

　まず何よりも重要なのは、「D：納期」に間に合うかどうかという点になります。そもそも指定された納期に間に合わない場合はどうしようもありませんので、生産拠点直送方式を採用することはできず強制的に中

継拠点を用いた運用が必要になってきます。もし、指定された納期を問題なく遵守できるのであれば、次に検討すべきは「R：リソース」です。例えば生産拠点直送方式を採用しようとした際に、その拠点で保管スペースや出荷能力といったリソースが確保可能かどうかがカギとなります。リソースが確保できない場合、そもそも実現不可能となるのでこれも「D：納期」の判定と同様に中継拠点を用いた運用が必要になります。リソースも確保できるという場合は、最後に中継拠点を活用する方式と、生産拠点直送方式とで、どちらにコストメリットがあるのかを試算し、その結果を鑑みて採用する物流ネットワークモデルのパターンを設定します。

　このような物流ネットワーク設計の検討においては拠点シミュレーションソフトを使うことが有効です。拠点シミュレーションソフトとはある納品先の分布において、任意の拠点数を設定し、その任意の拠点数を置いた場合の最適な立地を求めることができるソフトウェアです。どのような指標をもって最適な立地と判断するのかという点ですが、最もメジャーな評価指標はトンキロという概念が挙げられます。トンキロとは輸送した重量×輸送した距離の合計値で表される値です。輸配送コストはトンキロという値に比例しており、トンキロの値が大きければ大きいほど輸配送コストも大きくなるというような見方ができるため、拠点シミュレーションの計算結果を評価する指標として使われています。

　こうした拠点シミュレーションの有用な点は、納品先の住所と物量（重量や数量など）が分かれば概括的に物流ネットワーク設計を検討できることです。ただし、注意点としてはあくまで概算のシミュレーションであることを忘れてはいけません。より詳細な検討や試算を実施したい場合は、荷姿や配送車格、納品時の付帯作業などの要件を詰めることによって、配送オペレーションを精緻に設計した上で詳細なシミュレーションを行い、検討を進める必要があります。

3 物流拠点設計とは

　物流ネットワーク上に立地する拠点のオペレーションをどのように設計するのかについて説明します。物流拠点では自社の生産工場やサプライヤーといった仕入先から商品が入荷されて、それらを格納して保管し、顧客のオーダーに基づきそれらを出荷していくプロセスが発生しています。ですので、このようなプロセスを最適なものとして設計するためには、顧客や自社製造工場、サプライヤーとはどのようなオーダーのやりとりが発生しているのか、どれだけの物量をどのように保管しているのかなどの実態を詳細に分析する必要があります。

　ここでは基本的な分析体系と、それらが拠点設計に繋がっていく流れについて触れていきます。

　以下に拠点設計のための基本的な分析体系を示します〔図Ⅶ－5〕。

〔図Ⅶ－5〕

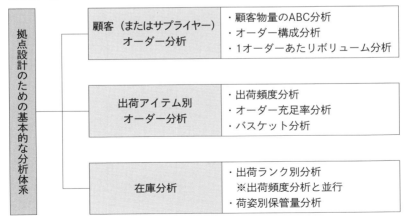

🚚 顧客（またはサプライヤー）オーダー分析

　まず顧客とサプライヤーとやりとりしているオーダーがどのようなものなのかを分析する必要があります。顧客からのオーダーを例にとって説明します。

・顧客―物量 ABC 分析：顧客別にどのくらいの物量を出荷しているのかを分析するものです。ある一部の顧客は大きく物量を占めており、納品先の分布や作業生産性などにも影響する重要な要素となります。場合によっては、特定顧客専用のロケーションを設定するなどの対応も考えられるので、どの顧客が拠点においてウェイトが高いのかを把握しておくべきです。

・オーダー構成分析：顧客ごとのオーダー構成に特徴がないかを分析するものです。ある特定のカテゴリや荷姿、ロットサイズ（出荷している数量単位）に法則性や偏りがないかを把握します。例えば、ケース保管されている商品がある顧客に対してはいつも1パレット分の出荷が発生しているということが分かれば、保管や出庫方式をパレット荷役に変更することを検討できます。

・1オーダーあたりボリューム分析：1オーダーあたり行数といった数量の分布を見る分析です。例えば、1オーダーあたり1アイテムのオーダーが多いという EC のような特性もあれば、1オーダーあたり数十～数百アイテムのオーダーが多いという卸のような特性もあります。この特性によって拠点の設計は大きく変わるためオーダー内容を把握する必要があります。

🚚 出荷アイテム別オーダー分析

　次にオーダー内容として、どのようなアイテムがあるのかを分析する

必要があります。

・出荷頻度分析：ABC分析を活用し、どのアイテムが出荷ボリューム
　　の内訳として大きいシェアを持っているかを把握します。後
　　述しますが、在庫分析と併せて検討もします。

・オーダー充足率分析：オーダーがどのようなアイテムで完結するの
　　かをみる分析です。例えば、上位2アイテムで完結するオー
　　ダーの割合が全体の30%と分かった場合、これら上位の2
　　アイテムをいかに入荷、格納、保管、出荷するのかが拠点全
　　体の生産性を左右することになります。そういった重点的に
　　検討すべき対象を把握するためこのような分析が必要です。

・バスケット分析：どのようなアイテムがセットとなってオーダーさ
　　れやすいかをみる分析です。セットとなる傾向が把握できた
　　場合はロケーションなどの設計に活用します。

在庫分析

次に保管している実態を把握する目的で在庫分析を行います。

・出荷ランク別分析：前述の出荷頻度分析と併せて、保管しているも
　　のが高頻度なのか低頻度なのか、その保管量はどの程度なの
　　か、といったことを分析します。

・荷姿別保管量分析：荷姿別に保管量をみる分析です。パレットや
　　ケース、ピースなど様々な荷姿がありますが、どのような荷
　　姿が多いのかを把握することで格納のオペレーションや保管
　　方式の設計に活用します。

前述のような分析の結果は、入荷・格納方式や保管方式、出庫方式の
設計に活用されます。上記が完了すれば庫内のオペレーションをどのよ
うに設計するかが決まっていきます。

以下がそのイメージになります〔図Ⅶ-6〕。

〔図Ⅶ-6〕

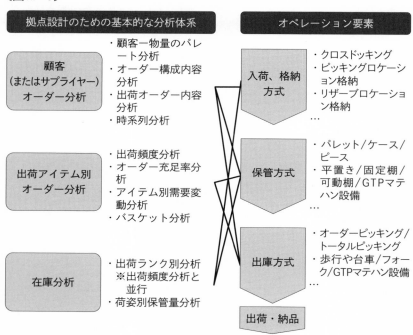

入荷格納方式では、例えばクロスドッキングという形で入荷させずにその場で仕分けをしてそのまま出荷させるというものもあれば一旦棚に入れるという形でピッキングロケーションに格納したりリザーブロケーションに格納したりすることが考えられます。リザーブロケーションとは、補充する前のピッキングロケーションに入りきらないモノを保管するロケーションのことを指します。これらは顧客や自社生産工場、サプライヤーがどのようなオーダーとなっているのか、どのような在庫状況（サービスとしての在庫方針も含む）なのかというところに左右されます。

保管方式では、荷姿はパレットなのか、ケースなのか、ピースなのかなどがあります。また、保管什器の選択肢として、平置き（直積みなども含む）や固定棚、可動棚といったものがあります。昨今注目されているGTPマテハン設備、いわゆる自動倉庫やシャトルのような設備も選択肢です。これらは顧客や自社生産工場、サプライヤーがどのようなオーダーとなっているのか、どのようなアイテムでオーダーが構成されているのか、どのような在庫状況なのかというところに左右されます。

　出庫方式では、1オーダーごとにピッキングしていくオーダーピッキング、複数オーダー分をまとめてピッキングしてその後に仕分けて行うというトータルピッキングが選択肢となります。また、これらのピッキング方式を人が歩いて行うのか、フォークリフトなどを用いて行うのか、またはGTPマテハン設備（上記の例に加えてAMRなどのロボットピッキングなども含む）を活用するのかといった選択肢もあります。これらは顧客のオーダーの傾向に左右されます。

　上記のような検討を進める上で避けては通れないものにマテハン設備による自動化・省人化検討があります。昨今の人手不足という背景からもなんらかの省人化・自動化は必須要件となっています。

　多くのマテハン設備は高機能なものが多く、それゆえに複数の工程や複数カテゴリの製品をカバーすることが可能です。しかしそういった反面、投資採算が合わない工程やカテゴリをもカバーしてしまっているために、逆にコストメリットが出ないようなケースがあります。そうならないためにも、前述のとおり触れてきたような細かい分析などを進めて実態を明らかにすることが必要です。それにより、どの部分に設備投資をすれば最も投資対効果が良いのかを明確にしておくということが重要なポイントになります。マテハン設備を導入するという手段が先行することなく、どのようなオペレーションが最適なのかということを種々分

析を踏まえた上で拠点設計をすることが求められています。

VIII 輸配送管理と改善

1 輸配送の生産性指標

　輸配送とは輸送・配送に分かれます。輸送は工場から工場、倉庫へモノを送る流れを指し、比較的長距離を運びます。本項ではトラックを用いた自動車輸送の話をしますが、船舶輸送、航空輸送、鉄道輸送も含まれます。配送は工場や倉庫から顧客へ向けてモノを送る流れを指し、比較的近距離を運びます。

　輸送に関してはできるだけ大きな車で高い積載効率で運ぶことは容易ですが、配送は顧客からの納入ロットや納入条件の指示があり生産性を高めるのには工夫が必要です。

生産性指標の定義

　車両操業率・実車率・積載効率と３つの指標を用いて輸配送の生産性を定義します。製造業は工場で原料から製品を生み出し付加価値を生んでいます。物流の付加価値とは荷物を移動させることです。トラックに荷物を積んで運んでいる時間に対し、顧客はお金を払います。よって、運送会社は車を動かさなければなりません（車両操業）。車は停まっていることなくモノを運ばなければなりません（実車稼働）。運ぶとすればできるだけたくさんの荷物を車に乗せて運びたいものです（積載）。

　顧客はどれだけの荷物を積載して、どの距離運んだかに応じてお金を

払います。よってその付加価値のある時間を増やすことで運送会社は利益を増やすことができます。

〔図VIII-1〕 輸配送に関わる 3 つの生産性指標

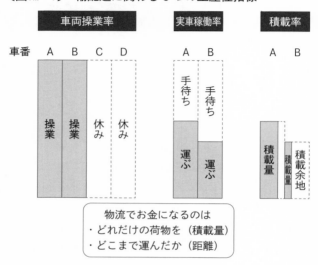

車両操業率

自社が保有している車両のうち実際に稼働している車両がどれくらいあるかを表す指標です。

＜車両操業率＞

車両操業率は総台数のうちの操業台数(稼働している車)の比率を表します。

$$車両操業率 = \frac{操業台数}{総台数}$$

実車稼働率

実車稼働率とは顧客の荷物を載せて運んでいる時間が、総時間のうちどれくらいか、を示す指標です。

デジタコと呼ばれる走行時間や距離・その他運行状況を記録する運行記録計を用いて管理を行う会社が増えています。国土交通省は、自動車運送事業者における交通事故防止のための運行管理の高度化に資する機器として導入を支援しています。

＜実車稼働率＞

$$実車稼働率 = \frac{実車時間}{総時間}$$

総時間			
車両操業時間			不稼働時間
車両拘束時間		休憩	
車両実働時間	待機		
走行時間	積込積下し		
実車時間	空車		

① 車両拘束時間

　車両操業時間よりドライバーの休憩やメンテナンスなどを除いた時間です。

② 車両実働時間

　車両拘束時間から積込み待ちや積み下ろし待ちなど、待機を除いた時間です。

③ 走行時間

　積込み待ちや積下ろしを除いた車が走っている時間です。

④ 実車時間

　走行時間のうち、モノを載せて運んでいる時間です。目的地へモノを

運んだあと、空車で帰る場合に実車時間は短くなります。目的地付近の荷物を積んで帰る場合、実車時間が伸びます。

　車の点検や整備、またドライバーの休憩など必要な時間は確保した上で、実車稼働率を上げるためのロス削減を目指します。

🚚 積載率

　重量がまとまるのであれば大きな車で運んだ方が重量あたりの単価は安くなります。ただ、依頼できる車に限りがあったり、顧客の荷下ろしスペースの制約で小さな車しか入れなかったり、建築現場での積下ろしではユニック車が用いられたりと、様々な制約もあります。積載効率とは車体に応じて決まる車の積載量（重量・容積）に対し、実際の積載量がどれくらいであるかを表す指標です。車種別に最大積載量は重量ベースで決められていますが、容積あたり重量が小さいモノを運ぶ場合は、満載にしても重量が最大値に届かない場合があるので、容積の積載最大値（m³）単位でこの指標を算出する方が良いでしょう。

＜積載率＞

$$積載率 = \frac{積載量}{積載可能量}（重量・容積）$$

積載可能量	
積載量	積載余地

2　輸配送改善の考え方

　前項の生産性指標を把握できるようにデータ整備及び適切な頻度でモニタリングする必要があります。また各指標については改善目標を決め

てそこへ向けた課題洗い出しと改善検討を行い、より効率的な輸配送を目指しましょう。

　生産性指標の３つの管理指標である車両操業率・実車稼働率・積載率に分けて主な課題と改善着眼点を説明します。

🚚 車両操業率

（1）車両操業率の課題

　車両操業率を上げるポイントは荷物にあった車・ドライバーを確保することです。運送事業者は自社資源である車とドライバーと荷物がマッチして初めて売上を獲得できます。荷物と車と運転手が十分でも、荷物の変動があれば空いてしまうことがあります。

〔図Ⅷ－2〕　車両操業率の課題

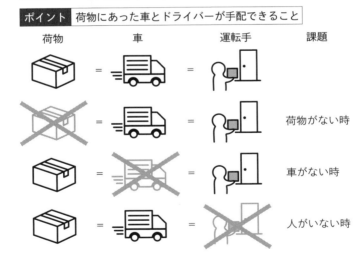

（2）車両操業率の改善策

　運送会社の課題とされているのは人材の不足です。人が働きたくなるような場所を作り上げる必要があります。基本的にはこの後の実車稼働

率や積載率を上げる工夫を行い、給与水準を上げることが重要と思いますが、その他にも勤務体制の柔軟化、契約外労働の抑制、新卒社員の投入など、工夫ができる余地はあります。

〔図Ⅷ-3〕　車両操業率向上の課題と改善方向性

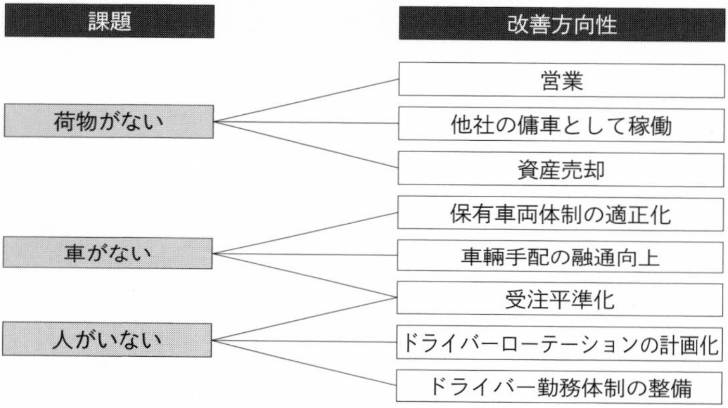

課題	改善方向性
荷物がない	営業
	他社の備車として稼働
	資産売却
車がない	保有車両体制の適正化
	車輌手配の融通向上
	受注平準化
人がいない	ドライバーローテーションの計画化
	ドライバー勤務体制の整備

実車稼働率

（1）実車稼働率の課題

　実車稼働率を上げるため、実車以外の時間は全てロスと捉えて削減を考えます。

〔図Ⅷ-4〕　実車稼働率の課題

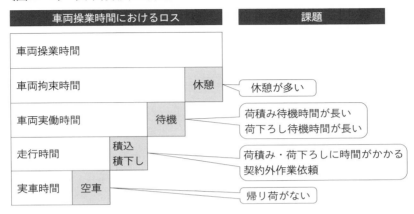

(2) 実車稼働率の改善

　特に運送会社としては待機の時間のロスは大きな課題と捉えています。荷積みの待機はバース予約などのシステムを用いて荷主側が配慮する取り組みが必要です。荷下ろしについては顧客の希望する納入時間があるため荷主の物流担当だけでは改善が難しく、顧客との関係性など営業担当を踏まえて確認しながら改善を進める必要があります。

〔図Ⅷ-5〕　実車稼働率向上の課題と改善方向性

課題	改善方向性
休憩が多い	運行管理精度向上
荷積み待機時間が長い	バース予約システム導入
荷下ろし待機時間が長い	客先納入条件緩和
契約外作業依頼	契約の明確化
帰り荷がない	帰り荷の確保
荷積み・荷下ろし時間が長い	出荷能力向上
	一貫パレチゼーション

🚚 積載効率

(1) 積載効率の課題

　日本では顧客の要求が強く、自社に在庫したくないので少しずつ持って来てほしい、工場の操業に間に合うように朝から持って来てほしいといった要求が多く見られます。物流側はその要求に応えるように動いてきました。物流費は生産の費用と比較すると小さいため、売上の大きなお客様に対して物流はサービスとして捉えられ、営業は物流側の負担をあまり考えずに受注を取ってくる場合が多いです。長年取引をしている顧客だから、と納品条件の改善に営業側が取り組まない例もあります。

(2) 積載効率の改善

　積載効率を上げるのには顧客別の受注量・日時指定などの納入条件などを調べてボリュームの少ない顧客をまとめる工夫を検討します。1つの顧客の荷物で満載にして運べれば一番良いですが、そうではない場合に混載し適正なルート設計できないか、日時指定を緩めて同じエリアの曜日まとめ納入ができないか、自社だけでは難しい場合に他社との共同配送ができないか、を考えます。

〔図Ⅷ−6〕　積載率向上のポイント

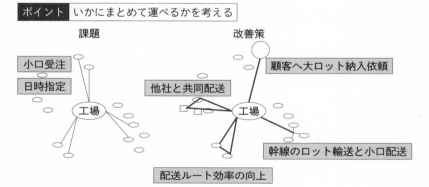

物理的に荷物を多く運べない場合に、荷台空間効率の向上の検討、また車両仕様の変更などの工夫も考えられます。

〔図Ⅷ-7〕 積載率向上の課題と改善方向性

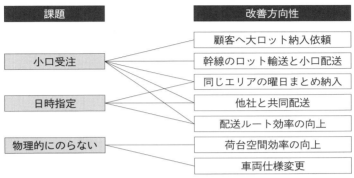

3 輸配送改善の事例

輸配送改善を実施した会社の例をご紹介します。

当該社は金属部品メーカーで原料となる素材を関東・関西に自社の製造工場で加工、家電・自動車などの顧客へ出荷していました。関西工場の規模が大きく製造する品種数が多いため、関東へ横持、関東以北の会社へは関東拠点からの出荷を行っていました。

〔図Ⅷ-8〕 サプライチェーンMAP

材料調達、工場から顧客への販売、工場間の横持、パレット回収等の輸配送を実施

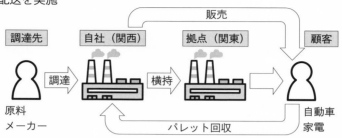

改善の背景として、現状の物流体制としては生産管理部門が委託する物流会社への出荷指示を行っていましたが、生産管理部門は生産管理業務に追われ、物流は委託先任せとなっていました。また、全社の物流コストの内訳を把握できておらず、物流コスト改善の重点が分かりませんでした。

そこでまずは物流に関わる全てのコストを洗い出しからはじめて、何に取り組むべきかを明確にすることから始めました。

〔図Ⅷ-9〕 現状の物流体制と改善ステップ

現状の物流体制	改善ステップ
・生産管理担当兼務 ・委託先任せ 　（ロジック未確認） ・物流コスト全体像を 　把握してない	・物流コスト重点把握 ・効率的な輸配送 ・KPI指標設定・評価 ・改善サイクルを回す

物流費のうち顧客出荷に関わる配送費が69％、横持輸送費が4％を占めました。顧客出荷は自社の製品のみを運ぶ貸切便と運送会社の路線便での他社との混載便がありました。

顧客の小口納入依頼が多く、合わせて早朝数時間の時間指定がある、大型のトラックでの搬入ができないなど、納入条件を設定する顧客が多数でした。逆に納入時間を決めていないような顧客もありましたが、自社の判断で配送対象時間は9時から14時と決めていました。また、重量が400kg未満は他との混載検討もなしに、一律で路線便に載せるようにしていました。

　横持に関して、関西工場でしか製造していない品種について関東及び関東以北のエリアの顧客へ向けて関東拠点へ移庫し、出荷を行っていました。横持と関東からの配送を足すと関西からの直送より高くついてしまう現象が起きてました。

　上記の結果を受けて2つの改善テーマ推進を行いました。

・配送条件見直しによるまとめ配送と積載率向上

・コスト最適となる移庫基準設定

[図Ⅷ-10] 物流コスト構造と現状の物流体制の課題・改善施策

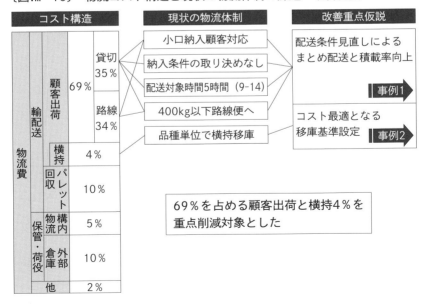

🚚 **改善事例１：配送条件見直しによるまとめ配送と積載率向上**

　顧客数が約6,000、全国に散らばり顧客のオーダーは小ロット化している事実を出荷実績データをもとに明らかにしました。〔図Ⅷ－11〕の「分析事項」では、縦軸に都道府県別顧客数、横軸に出荷頻度（出荷日数）とし、顧客別の配送金額を円の大きさで表しました。各象限に分けて改善方向性を検討しました。

〔図Ⅷ－11〕　配送条件見直しによるまとめ配送と積載率向上

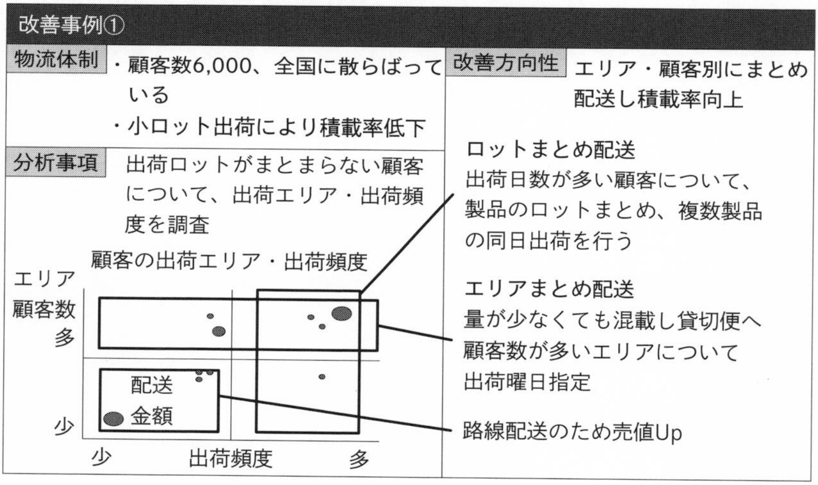

（1）ロットまとめ配送

　最も気になるのは出荷頻度が多い顧客（グラフの右象限）です。毎日のように出荷指示が出される顧客がありました。量がまとまる日は高い積載率で運べますが、そうでない日もあり、積載率を低くする要因でした。

　配送金額が大きく上記の課題がある会社について、日別の納入量や品目を表したグラフを作成し、営業とともに顧客への改善要請を出しまし

128

た。顧客へヒアリングすると、出荷指示を出す部署が製品により異なることが分かりました。また、納入までのリードタイムについても、顧客側で安全在庫を保有している品物が多く、1〜2日納期が前後しても構わない、とのことでした。よって、注文量が少ない日には事前に連絡し、出荷日をずらすことを了承してもらいました。比較的出荷量が多く、付き合いの長い顧客を中心にスムーズな交渉を進めることができました。

（2）エリアまとめ配送

1社では出荷量が少ない会社でもそのエリアの顧客数が多ければ（グラフの上象限）混載して貸切便にできるので、路線便使用ではなく混載検討を行うよう配車のロジックを変更しました。また、毎日でなくても週にぽつぽつオーダーが入る地域について、物量の多い出荷先の出荷曜日に合わせて他社のオーダーを集約することにしました。こちらも営業を踏まえてエリアごとに出荷曜日の設計を行い、顧客へ直接の依頼や書類を送付するなど、工夫を行いました。

ロットまとめ・エリアまとめ配送の取り組みにより物流費を5%低減することができました。

（3）路線配送の売価を適正に

出荷量がまとまらず、同じエリアの顧客数が少ない場合（グラフの左下）、物流側での改善が難しいと判断しました。北海道や九州など、遠いエリアには営業が見積もり時点で追加の物流費用を見積もっていましたが、その他エリアについて営業は考慮していませんでした。ただ単位あたりの費用、貸切便と路線便は1.5倍程度の価格差があったため、営業を統括する部長とも話をした上で売価を上げることにしました。汎用品は競合との価格差が大きく影響してしまうので、まずは顧客別仕様の競争力の高い製品から検討を進めていきました。

🚚 改善事例2：コスト最適となる移庫基準設定

　横持に関して、関西工場でしか製造していない品種について関東拠点へ移庫（在庫移動）を前提としていました。静岡や新潟など関西工場から運んだ方が移庫費用も踏まえると安くなるような顧客へも移庫の手順を踏んでいたため、費用が嵩んでいました。

（1）出荷エリア・出荷量別の配送経路を決めてミニマムコスト配送

　出荷の単位が大きく、ほぼ満載で運べるような受注については関西から直接運ぶようにしました。新潟や静岡のエリアは出荷ロットが小さくとも前述のエリアまとめ配送を実施すると満載近くになるので、移庫しない方針となりました。様々な取り組みの結果、関西からの直送便は大幅に増えました。直送便が増えることで移庫在庫の量が減り関東工場のスペースも有効に使えるようになりました。

　業務としてはこれまでは関東以北エリアは全て関東工場の管轄として配送の依頼を掛けていましたが、関西工場側で出荷量に応じてどちらから出すかの判断を行うため少し手間は増えました。それでも、この取り組みにより物流費を10％低減することができました。

〔図Ⅷ-12〕　出荷エリア・出荷量別の配送経路を決めてミニマムコスト配送

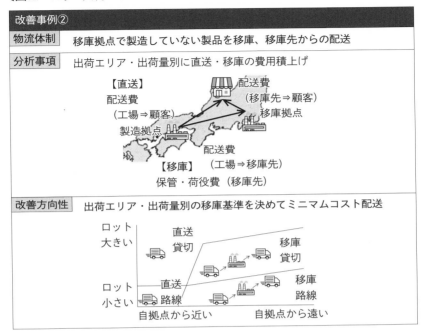

改善実施のまとめ

　今回の輸配送費改善事例のように、物流費の改善は自部門だけではなく、関連する営業部門や、他工場の巻き込みが必要になります。前項で紹介した輸配送に関わる生産性指標や事例で示した分析などで問題を定量化し、改善を実施することで会社の物流費の削減にどれだけ貢献するかを明らかにしましょう。物流は顧客との接点ですので、自社のサービスの良し悪しが売上にも関わり、売上を獲得したい営業が重い腰を上げるのに時間がかかることもあります。物流部門が中心となって経営層へ定量データで問題構造を整理し、トップダウンで改革を進めるような工夫が必要です。

IX 倉庫荷役管理と改善

1 荷役の生産性指標

　入出庫やピッキング、検品といった荷役作業の効率を測る上では、「労働生産性」の考え方が基本となります。労働生産性は通常、労働投入量あたりの産出量とされますが、これを荷役に当てはめて考えると、このように定義できます。

$$労働生産性 = \frac{処理物量（入荷量、出荷量、流通加工量など）}{投入工数（人数・時間）}$$

　荷役における産出量は、どれだけの物量を処理したのか、具体的には入荷量や出荷量、流通加工量などが該当します。

　処理のために投入した労働量は、工数（人数・時間）で評価するケースが一般的です。例えば、10名が10時間働いた場合の工数は、100人・時間（マンアワー、MHと呼ぶこともあります）になります。

　管理指標としては、この人数・時間あたり処理物量を、入出庫やピッキングなどの作業別、顧客別やフロア別などの単位で集計して、モニタリングしていくことになるかと思います。

　ただし、生産性は測定して終わりというわけありません。生産性が下がった場合には、その要因を特定して、改善に繋げなければなりませんが、そのためには前述した人数・時間あたり処理物量から、さらに踏み込んだ見方が必要になってきます。

生産性が下がってしまった時、現場ではどんなことが起きていると想像するでしょうか。物量が少なく人手が余ってしまったのかもしれませんし、最近入社した作業員がまだ不慣れで、熟練者に比べて時間がかかってしまったのかもしれません。また、そもそも熟練者のやり方自体ベストではなく、もっと良い方法がある可能性もあります。

　こうした現場に潜むロスは、大きく3つに区分され、以下のような構造図に表すことができます。

〔図IX-1〕　荷役のロス構造図

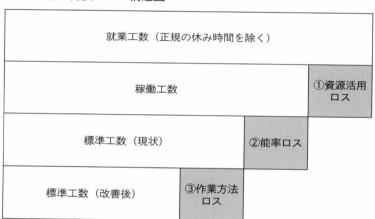

資源活用ロス

　資源活用ロスは就業工数と稼働工数の差であり、作業員が必要とされている本来の仕事ができていない、すなわち稼働ができていない状態のロスを指します。「稼働ロス」と呼ばれる場合もあります。

　前述した「物量が少なく人手が余ってしまった」場合は、この資源活用ロスに該当します。そのほかにも、トラックの到着が遅れたことで入荷作業がストップした、指示書の発行が遅れたことでピッキング作業を

始められなかった、といった状況が例として挙げられます。このように、資源活用ロスは、人員の配置計画や、作業の指示・進捗管理に起因していることが多くみられます。

🚚 能率ロス

能率ロスは、稼働工数と標準工数の差であり、標準的なスピードで作業する人（いわゆるベテラン・熟練者）に比べて、作業スピードが劣ってしまっている場合のロスを指します。

前述した「最近入社した作業員がまだ不慣れで、熟練者に比べて時間がかかってしまった」場合は、まさに能率ロスに該当します。能率ロスは、作業に不慣れというだけではなく、標準化された作業を遵守していないことによって発生してしまうケースも考えられます。

🚚 作業方法ロス

作業方法ロスは、現状の標準工数と改善後の標準工数の差であり、現状標準とされている作業の中でも、さらに効率化が可能な部分を指します。

前述した「そもそも熟練者のやり方自体ベストではなく、もっと良い方法がある」場合が、この作業方法ロスです。一見、標準が確立された作業にも、「レイアウトが悪く歩行が多い」「モノが散乱していて取り置きが多い」など、改善できる余地は隠されています。

これらのロスは、現場の作業を観測したり、実績データから分析したりすることで実態を把握し、改善策を考えていくことが必要となります。

2 荷役改善の考え方

　荷役の生産性を向上させるためには、前述した3つのロスに着眼して、改善策を考えていく必要があります。それぞれのロスごとに見ていきましょう。

資源活用ロス

　現場の作業員が本来すべき仕事をできていない状態、すなわち稼働率が低い状態を改善するためには、主に「配置人員の適正化」「負荷変動への対応」「手待ちロスの低減」これら3つの課題が想定されます。

〔図IX−2〕　配置人員の適正化

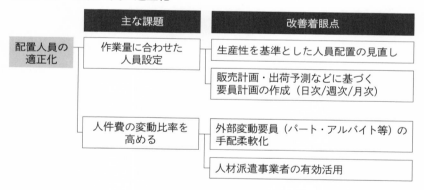

	主な課題	改善着眼点
配置人員の適正化	作業量に合わせた人員設定	生産性を基準とした人員配置の見直し
		販売計画・出荷予測などに基づく要員計画の作成（日次/週次/月次）
	人件費の変動比率を高める	外部変動要員（パート・アルバイト等）の手配柔軟化
		人材派遣事業者の有効活用

　まずは、「配置人員の適正化」です。日々の作業負荷に対して、過不足がないように適正な人員を配置する計画を立てる必要があります。一般的には、前述した生産性（人数・時間あたり処理物量）を基準として、配置人員の目安を決めます。職場別や向け先別などの単位で生産性を管理できていれば、より精緻な人員計画を立てることができます。

　また、販売計画や出荷予測などの負荷情報に基づいて、先々の要員計

画についても、月次や週次などの単位で作成しておくとよいでしょう。

　ただし、先々の計画を立てる上では、後述しますが負荷の変動を考慮しなければなりません。パートやアルバイト、派遣社員の活用によって人件費の変動比率を高めておくことで、変動に応じて柔軟な要員計画を立てられるようになります。

〔図IX-3〕　負荷変動への対応

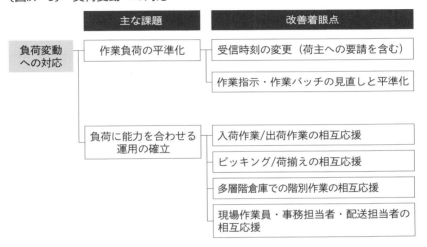

　次に「負荷変動への対応」です。多くの場合、倉庫の作業負荷は物量によって変動します。向け先や取り扱う商品の特性によっても異なりますが、期末や月末、連休前に出荷量が増える、また逆に少なくなる傾向は、おそらくどのような倉庫にも存在すると思います。

　こうした負荷の変動に対しては、受信時刻（締め時間）の変更、作業指示や作業バッチの見直しによって、負荷自体を平準化することができないかどうかを考えたいところです。

　しかし、実際には荷主など顧客のニーズに対応するためには、完全な平準化は難しく、どうしても負荷の変動が残るはずです。そのため、職

　　　　　　　　IX　倉庫荷役管理と改善

場間で応受援できる体制を整えておくなど、運用面の改善も必要になっ
てきます。

〔図IX-4〕　手待ちロスの低減

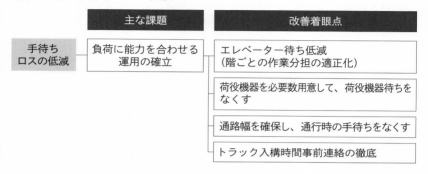

　最後に「手待ちロスの低減」です。これまでに述べてきたのは、主に
管理や運用面に着目した改善が中心でしたが、現場で発生している様々
な場面での「手待ちロス」に目を向けることも重要です。
　例えば、多層階の倉庫ではエレベーターの待ち時間が多く発生しがち
です。こうした場合、エレベーターの増設はハードルがかなり高いた
め、各階のレイアウトや作業分担を見直して各作業をなるべく各階で完
結させるなど、人や物の階を跨ぐ移動を減らす工夫が必要になります。

能率ロス

　能率ロスの改善は、いかに全員が標準的なスピードで作業できるよう
にするか、ということになります。「標準化」「技能訓練」「パフォーマン
ス管理」の3つがポイントです。
　まず、そもそも決められた作業のやり方や手順が存在していない場合
は、標準化からスタートしましょう。標準がない状態では、新人に指導
することも、現場のパフォーマンスを評価することもできません。業務
が属人化していたり、各自がやりやすいように作業を行っていたりする

ケースは、多くの現場でみられます。もっとも効率の良い人の作業を
ベースとして、標準的なやり方や手順を定めましょう。

　標準が決まったら、次は全員が標準を遵守し、同じスピードで作業が
できるようになるよう、訓練によって定着化を図っていきます。併せ
て、職場別や個人別に目標を立て、生産性や作業時間などの実績を取得
して目標と比較することで現場のパフォーマンスを管理するとともに、
訓練の成果を評価することも重要になります。

🚚 作業方法ロス

　作業方法ロスを改善するためには、現状の標準作業に対して、もっと
効率化できないか、ベストなやり方や手順を追求することが必要になり
ます。

　一般的な荷役作業の種類ごとに、改善の着眼点をまとめていますの
で、ぜひ参考にしてください。

〔図Ⅸ−5〕

作業内容	改善の着眼点
仕分け/荷揃え	• 顧客の特性に合わせた仕分け単位の設定（方面別仕分け、顧客別仕分けなど） • 受入時に出荷できる状態で保管
検品	• 受入検品のレベル"手間の度合い"の設定 　（納入先の過去の誤納実績などから設定） • 表示の明確化（大きく、明るく） • 二度検品の廃止（最終検品に一本化） • 自動化マテハン設備 • 一時的な検品人員の強化
荷卸/積込	• フォークリフト・パワーゲート車の活用 • 納品先別仕分けのタイミングを変更 • ユニットロード用パレットサイズの適正化
運搬/格納	• 層別ロケーションとロケーション管理の徹底 • フローラックなどを用いた先入れ先出し業務削減 • 通路配置の変更・見直し
ピッキング	• トータルピッキング、向け先別ピッキングの最適組み合わせ検討 • 作業指示の順番設定により動線の最少化 • ロケーション指示や作業場所指示など、業務の「見える化」徹底

こうした改善アイデアを発想するための技術として、「ECRS」という原則がありますので紹介します。

Eliminate（排除）、Combine（結合と分離）、Rearrange（入替と代替）、Simplify（簡素化）の頭文字を取ったもので、E → C → R → S の順に考えることが原則です。

すなわち、なるべく作業をなくすことから検討し、複数作業を同時にこなす、順序を入れ替えることで作業を少なくする、という順に考えていきます。それも難しければ、最終的には作業を簡単にできないかを考えます。

3 倉庫の生産性指標

倉庫では、限られたスペースの中でなるべくたくさんの商品を保管することが重要です。効率よくモノを保管できることで、外部倉庫を借りている場合はその費用を抑えられたり、貸倉庫として運用している場合は新規契約のためのスペースを空けられたりと、倉庫機能としての売上・収支に影響するためです。

保管の生産性を測るためには、まず現状どれくらいの物量を保管できる能力があるのか、また、それに対して実際にどれくらいの物量が保管されているのか、それぞれ把握することになります。すなわち、保管生産性は以下のような計算式で表すことができます。

$$保管生産性 = \frac{実質容積}{保管総容積}$$

どのようなロスが考えられるかに着目して、保管生産性をもう少し分解して見てみましょう。保管におけるロスは、以下のように構造化することができます。

〔図IX-6〕　保管のロス構造図

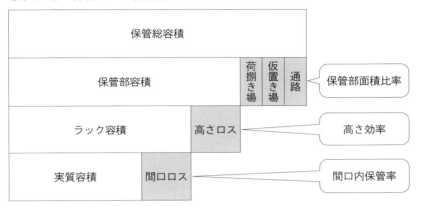

　保管効率を測る視点としては、大きく3つあります。1つは、「保管部面積比率」で、そもそも商品を保管しうるスペースを最大限活用できているか、という見方です。残りの2つは、「高さ効率」と「間口内保管率」で、いずれも空間を最大限活用できているか、という見方になります。

保管部面積比率

　建屋の中で、商品を保管しうるスペースを最大限活用できているか、という見方です。

　保管部面積比率を下げてしまう要因として、まずは通路ロスが挙げられます。庫内の作業において通路は必要不可欠ですが、一方で、本来商品を保管できたはずのスペースとして考えることもできます。ほとんど誰も通行していない不要な通路、通行するマテハン機器（フォークリフト・ハンドリフト・台車など）の大きさや通行量に対して広すぎる通路は、適正化を図っていくことが重要になります。

　通路以外では、ロス構造図に示すとおり仮置き場や荷捌き場について

　　　　　　　　　　　　IX　倉庫荷役管理と改善

も、そのスペースが適正なのかどうかを見直しておくべき対象として考えます。

🚚 高さ効率

　通路や仮置き場などのスペースを適正化し、商品を保管しうるスペースは最大限活用できるようになったところで、次に問題となるのは高さ方向の空間をうまく使いきれているか、というところになります。

　物量が増えてパレットラックやポールラックが不足したことで、パレットが床に直置きされている光景をよく目にしますが、直置きパレットが増えると、当然高く積むことができなくなるため、空間にロスが生じます。通常、保管倉庫ではパレット3段積みくらいまで万遍なく活用しなければならないでしょう（パレットラックなどを用いれば4段積みも可能です）。

🚚 間口内保管率

　空間を有効活用するためには、間口内のスペースをうまく使いきれているかどうかについてもみていく必要があります。

　割り当てられた棚の大きさに対して、実際に保管している商品が少ないことで、棚がスカスカになっているところはないでしょうか。商品のサイズや在庫量に合わせて間口を設定したり、配置替えによって1パレットに複数の商品を混載して保管したり、ロケーション管理や運用面での工夫を考えることが重要です。

4 倉庫改善の考え方

　保管の生産性を向上させるためには、前述した3つの指標に着眼して、改善策を考えていく必要があります。

🚚 保管部面積比率

保管部面積比率を向上させるための主な想定課題と、改善の着眼点を以下にまとめました。

〔図IX−7〕

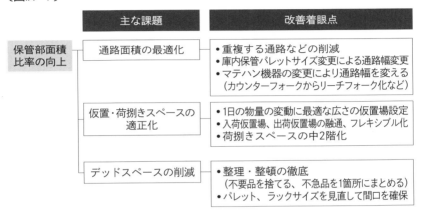

主な課題	改善着眼点
保管部面積比率の向上	
通路面積の最適化	・重複する通路などの削減 ・庫内保管パレットサイズ変更による通路幅変更 ・マテハン機器の変更により通路幅を変える（カウンターフォークからリーチフォーク化など）
仮置・荷捌きスペースの適正化	・1日の物量の変動に最適な広さの仮置場設定 ・入荷仮置場、出荷仮置場の融通、フレキシブル化 ・荷捌きスペースの中2階化
デッドスペースの削減	・整理・整頓の徹底（不要品を捨てる、不急品を1箇所にまとめる） ・パレット、ラックサイズを見直して間口を確保

　まずは、前述したように通路や仮置き場、荷捌き場の適正化を考えることが重要になります。

　通路に関しては、重複している通路（なくても作業動線に影響しない通路）はなくす、マテハン機器を小型のものに変更することで通路幅を狭めるなどの改善が考えられます。

　仮置き場や荷捌き場は、1日あたりの物量に対して適正な広さを設定したいところです。物量に変動がある場合は、例えば入荷と出荷で仮置き場を融通できるようなレイアウトにすることも考えられます。また、ピッキングエリアなどの高積みが難しい場所に中2階を設け、そこに荷捌きスペースを確保する方法もあります。

　不要品や不急品がずっと置かれているようなデッドスペースがあれば、整理・整頓の徹底によって、できる限りなくしていくことも必要で

す。現場を見渡して、商品を保管できるスペースはないか、目を光らせましょう。

🚚 高さ効率

　高さ効率を向上させるための主な想定課題と、改善の着眼点を以下にまとめました。

〔図Ⅸ−8〕

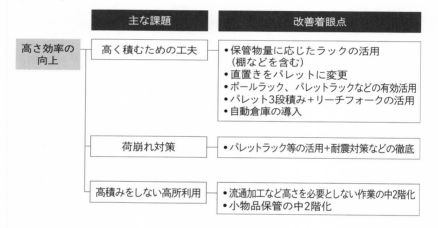

	主な課題	改善着眼点
高さ効率の向上	高く積むための工夫	• 保管物量に応じたラックの活用（棚などを含む） • 直置きをパレットに変更 • ポールラック、パレットラックなどの有効活用 • パレット3段積み＋リーチフォークの活用 • 自動倉庫の導入
	荷崩れ対策	• パレットラック等の活用＋耐震対策などの徹底
	高積みをしない高所利用	• 流通加工など高さを必要としない作業の中2階化 • 小物品保管の中2階化

　まずは、高く積むための工夫を考えましょう。基本的にはラックや棚を活用していくことになります。ピッキングの方式にもよりますが、保管効率を重視して高く積む保管エリアと、作業効率を重視するピッキングエリアで、メリハリをつけることも重要です。また、荷崩れのおそれがあって高く積むことができていない場合は、対策を考える必要があります。

　高積み以外にも、中2階やメザニンラック（中2階式の仮設の棚）などを活用することで、高さ方向の空間をうまく使うことも考えられます。

🚚 間口内保管率

間口内保管率を向上させるための主な想定課題と、改善の着眼点を以下にまとめました。

〔図Ⅸ-9〕

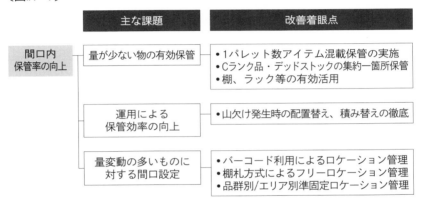

主な課題	改善着眼点

間口内保管率の向上

量が少ない物の有効保管	・1パレット数アイテム混載保管の実施 ・Cランク品・デッドストックの集約一箇所保管 ・棚、ラック等の有効活用
運用による保管効率の向上	・山欠け発生時の配置替え、積み替えの徹底
量変動の多いものに対する間口設定	・バーコード利用によるロケーション管理 ・棚札方式によるフリーロケーション管理 ・品群別/エリア別準固定ロケーション管理

まず、量が少ない商品の保管方法を見直しましょう。特に商品別で固定のロケーション管理をしている場合、ほとんど商品が載っていないパレットが間口を専有していたり、棚内にスカスカのバケットがあったりするケースがみられます。1パレットに数アイテムを混載保管する、出荷頻度の少ない、いわゆるCランク品やデッドストックは1箇所に集約して保管するなど、量が多い商品とは管理や保管方法を変えて対応することが重要です。

また、日々の荷動きの中で、パレット在庫の山欠けが発生したら配置替え、積み替えを徹底するなど、運用面での工夫も考えられます。

こうした混載保管や配置替えを行う運用に変えていくためには、ロケーション管理方法の見直しも必要になる場合があります。二次元バーコードやバーコードの活用やフリーロケーション管理など、品種数や在

Ⅸ　倉庫荷役管理と改善

庫量、荷動きに応じて適した管理方法に変えていくことがポイントです。

5　荷役・倉庫の改善事例

ここまで、荷役と倉庫の生産性指標、そして改善の考え方について述べてきましたが、具体的な改善事例をいくつか紹介します。

🚚 荷役の改善事例①　検品過程で標準化を徹底

とある物流企業では、複数顧客の商品を流通加工して出荷していました。出荷前に検品を行う工程では、傷がついた商品を取り除く作業を行っています。

この業務では、人によって検品基準が異なり、品質にバラツキが出てしまっていました。また、合格にしてよいかどうかを判断できない場合に、作業者同士で話し合うため、ムダな会話の時間が増えていました。

判断できない場合は状態を撮影して顧客へメールし、判断を仰ぐようにしていたため、まるまる2人がメールや電話での問い合わせ対応に追われていました。

そもそも、判断基準が書面として存在しないことが問題の根源で、顧客ごとに違う基準が存在していることも問題でした。

これらを改善するため、自社としての品質管理基準を3段階に分けて定め、顧客企業と合意をとることにしました。

商品によっては、色や材質により傷の見え方も異なるために、同程度の傷でも判断結果は異なります。人による判断の違いを防ぐため、不具合の状況を写真で示し、文章でも明示することで、基準の明確化を図りました。

ほかにも、作成した基準を現場に浸透させるために、様々な工夫を行いました。一例としては、写真を用いた検品クイズを行い、正答回数を

競うことを行いました。ベテランでも基準がぶれないよう、定期的に確認をするようにもしました。

　以下のグラフ検品工程担当者8名の検品クイズ正答率（検品精度）、回答時間（作業スピード）を表しています。このような2つの数値の関連図を見ることで、「Cさんは正答率50％未満で回答時間が長いので改善の余地が大きい」というような見方ができます。

〔図IX-10〕

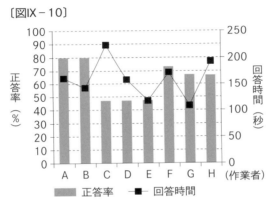

検品工程では
・検品精度
・作業スピード
の両方で作業者を評価する必要がある。

　最初は平均50％の正答率で、現場リーダーも元気がありませんでしたが、訓練を重ねるうちに80％まで上がり、それにつれてムダな時間も少なくなりました。また、訓練をすることで回答スピードも速くなり、結果的に検品の生産性を30％向上させることができました。

🚚 荷役の改善事例②　シール貼付作業の生産性が1.3倍に

　ある物流会社では流通加工の1つとして、出荷時にシールを貼付する作業を行っていました。現場の50％にあたる工数（30人・時ほど）がこの作業に費やされていたため、まずこの業務の生産性向上に取り組み

ました。

　最初に行ったのは現状把握です。生産性が把握されていないので、誰の仕事が速いのかもわかりません。実績収集には現場の抵抗がありましたが、実績を把握することで、作業スピードの差が明確になりました。個人別の生産性を比較してみると、2倍以上の差がありました。

　続いて、作業が速い人と遅い人の差はどこにあるかの分析を行いました。遅い人は帳票類が作業机に乱雑に置かれており、実際の作業スペースが狭くなっていました。そのため、作業台にモノが載らないので、モノを運ぶ回数も多くなってしまっていました。

　シールの取り方・貼り方も異なっていました。作業が速い人は左手に商品を持ち、右手でシールを取り、貼付します。これに対し、遅い人は商品を机に置いたまま両手でシールを取り、貼り付けします。この際に商品が動くため貼りにくく、時間がかかってしまっていました。

　これらの検討に基づき作業標準書を作成し、作業担当者を一堂に集めて作業方法の教育を行いました。具体的には、作業時間値の差が出やすい作業のポイントを10個程度抽出し、作業者一人ひとりに対してチェックを行いました。

　これらの活動により、3か月ほどで1.3倍も生産性を上げることができました。

〔図IX-11〕

作業手順書			制定　×年×月
作業内容	ラベル工程		作成者：沼田
モデル時間(秒)	作業手順	図解	ポイント
6秒	**ラベル貼付** 左手で製品を持ち、右手でラベルを台紙からはがす、ラベルを貼付。 左手で製品を箱に戻すとともに、右手は台紙シールへ。	 写真を用いて具体的に	手前の作業スペースは広く空ける。 左手で商品を扱う。右手はシールを取り貼付をする。
		★ラベルの取り方 親指と中指（薬指）で台紙を押さえて人差し指でシールをはがす（取りにくい場合は製品を持った左手でラベル台紙を押さえる）。 ★ラベルの貼り方 ラベルは親指と中指でしっかり持って角を合わせて貼付。親指のはらを使ってラベルを押しつけて、しっかり貼付する。		

（左側吹き出し）
標準時間値設定
（ベテラン作業者4分の1選択値）※

手順を詳細に説明

作業のカン・コツを明記

※観測した値の低い方から4分の1くらいに相当する時間値を選択する方法。

倉庫の改善事例①　背の高い棚の採用

　ある検査施設では、検査数の増加に伴い、保管スペースの増加で作業場が手狭になってしまっていました。このため、まずは各検査工程における保管ロスを調査しました。

〔図IX－12〕

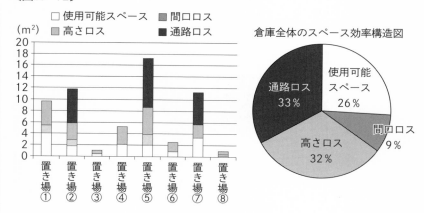

倉庫全体のスペース効率構造図

調査の結果、通路ロスが33％、高さロスが32％、間口ロスが9％を占めており、使用可能スペースは倉庫全体の26％に留まっていました。これらのロスを解消するための改善を行いました。

〔図IX−13〕

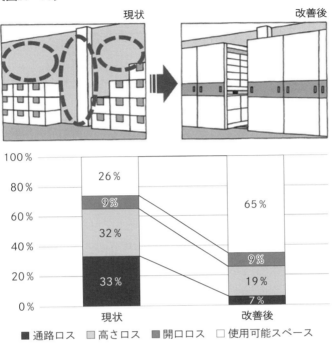

現状　　　　　　　　　　　　　改善後

■ 通路ロス　■ 高さロス　■ 開口ロス　□ 使用可能スペース

　主な改善として、通路と棚から天井までのスペースを活用するために
背の高い移動棚を設置しました。これにより、通路ロス・高さロスを減
らすことができ、保管可能スペースが26％から65％に向上しました。

🚚 倉庫の改善事例②　段ボールの規格を見直し

　ある電機メーカーでは、商品数が増えるに従い、商品形状に合うよう
な段ボールを開発した結果、段ボールの種類数が約60種類に増えてい
ました。出荷は宅配便ですが、段ボール種類が多い分、宅配便コストも
増加していました。

〔図IX－14〕

Aタイプ	5種類
Bタイプ	16種類
Cタイプ	13種類
Dタイプ	14種類
Eタイプ	4種類
Fタイプ	6種類
計	58種類

このため、宅配便の運賃体系なども勘案しながら、段ボールの規格見直しを行いました。さらに、これまでは様々な大きさの段ボールをパレット積みするため、間口ロスが大きかったのですが、改善後は間口ロスが少なくなるように決められた大きさの段ボールのパレット積みを行いました。

その結果、段ボールの種類は58種類から11種類に減り、段ボール資材コストを約5％低減することができました。また、段ボール箱探しやパレット上の配置替え作業などが減り、梱包作業生産性も15％向上しました。

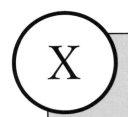

X 物流品質

1 物流品質の定義と考え方

　物流における「品質」は、製造・販売など他のビジネスプロセスと同様、あるいはそれ以上に大切です。

　物流業務は基本的に差別化が難しいものです。倉庫でものを保管する・出し入れする、あるいはトラックでものを運ぶという業務は、もちろん様々な経験や技術を必要としますが、例えば10年修行して1人前になるような性質のものではありません。倉庫業務においては実際の業務の大半をパートさんや人材派遣会社さんに委託している事業者がほとんどですし、長距離ドライバーなどの業務を除けば、運送・配送業務の難易度もそんなに高くはありません。昨今は飲食店の宅配など、運送業でなくてもアルバイトを中心に配送を賄っている業種がかなり多くなっています。

　それゆえ、差別化の基本となる物流品質は非常に重視されます。品質が低い事業者は淘汰されますし、高い品質を実現している事業者は仕事に困ることがありません。

　品質指標というのは「サイレント指標」です。達成したら評価されるものではありませんが、未達成を繰り返す事業者は淘汰されてしまいます。日本の消費者は、不具合のある供給者に対して「黙って次から使わない」という行動を取ります。物流品質の場合1回のクレームが命取り

になることも充分にありうるわけです。

　上記を〔図X－1〕にまとめました。

〔図X－1〕

<品質にかかわるロス>
・届いた品物が壊れていた！
・品物が間違っていた！
・配送員の態度が悪かった！

<コストにかかわるロス>
・輸送費がかかりすぎた！
・庫内荷役費用がかかりすぎた！

<納期にかかわるロス>
・時間指定に間に合わなかった！
・直前になって届けられないと連絡が来た！

多くの顧客は
黙って次回から
サービスを利用しなくなる

企業努力でコストを下げれば
顧客は次も使ってくれる

物流品質にかかわるロスの方が
コストロスより企業へのダメージが大きい！

　さらに物流事業者にとってはやっかいなのですが、物流品質は基本「減点」で評価されがちです。物流業界が社会的に長らく低いステータスに置かれてきた経緯もあり、正しくやって当たり前と言う認識が荷主・物流事業者双方にあります。

　実際、正しい納品・品物を傷めない納品をしたことで事業者が荷主に褒められることはまずありません。一方で、事故やミスを起こしたらクレームやペナルティが課せられます。さすがにここ5年ほどは物流という仕事に対する理解がかなり進んできたので、理不尽なクレームは減少傾向にありますが、今でも上記のような認識を持つ荷主は決して少なくありません。

　物流品質を正しく理解し、運用することは、荷主・物流事業者双方に

とって大変重要であることを今一度認識したいものです。

　そんな物流品質ですが、視点としては4つに分解する必要がありま
す。それぞれ、発生原因や打つべき対策が異なります。

（1）納期遵守（納期を守る）

　指定日・指定時間の未遵守、緊急品の納期遅れなどを起こさないこと
です。

（2）破損・汚損防止（商品の形状などを維持する）

　鮮度オーバー（日付やロット等）、変形・変質の有無、固結（固まって
しまっている）、内外装を含む汚れや破損、サビ・ホコリ・腐敗などを起
こさないことです。

（3）誤品・誤納防止（正確性を維持する）

　品物違い、量違い、配送先間違いなどを起こさないことです。

（4）労災・事故防止（事故を起こさない）

　人身等に関わる事故を起こさないことです。

　それ以外には以下のような視点があります。これらは、どちらかとい
うと加点式で「やっていれば評価が高まる」というものです。

・環境貢献品質（環境影響を減らす）

　環境影響に関わる品質を維持することです。CO_2 の削減や、ゴミを出
さないことなどが該当します。現在のカーボンニュートラル・SDGs
ブームが起こる前から、物流業界ではこれらが重視されてきました。

・印象品質（良い印象を保つ）

　ドライバー配送マナーなどが該当します。顧客に悪印象を与えるよう
な行動をしない、ということです。

・参考：それ以外の品質

　在庫・入出荷問合せ即答、出荷・納品完了報告、納期回答、実在庫報

告、必要な管理資料報告等の内容を、品質管理項目に入れている企業もあります。

　次に、上記の物流品質に関わるミス・クレームがどのような原因で起こるのか、を考えてみましょう。比較的解りやすいものから順番に説明します。

　まず（2）の破損・汚損は、「工程の接点」で起こります。トラックから荷物を降ろすとき、パレットから台車に移し替えるとき、ものを運んでいるとき、などです。ちなみに、破損・汚損に関わる事故の半分くらいは輸送中に起こるというのが筆者達の経験則です。

　（3）の誤品・誤納は、品物の確認時に起こることが大半です。品物や数量を取り違えるミスは、大半がピッキング時に起こります。希には入荷格納時にすでに起こっていることもあります。正しくものが揃ってなかったとしても確認（検品）による是正がキチンと行えていれば良いのですが、これがおざなりになっているために間違いが起こってしまう事が多いのです。また、似たような品物・品番が多く紛らわしい、倉庫が暗く品物が見にくいといったことも要因としてよくあります。

　（1）の納期遅延は、要因が複雑で多種多様なため最も対策が難しいものです。時間に対する遅れというのはあらゆる局面で起こりえます。倉庫内のトラブル・ネック工程での作業遅れ・作業指示遅れ・さらには配送中の渋滞など、1つの原因を突き止めればそれで済むものではありません。このため、納期遅れに関しては不具合事象の実績把握を行い、最も頻度の高い・確からしい原因について対策を打つという地道な取り組みが必要となります。

　そしてもう1点重要なことですが、今まさに事故や不具合が多発して対応に追われているときは、原因追及と並行して目先の不具合をなくす・減らすことが最重要事項となります。検品回数を増やす・検品人員

を一時的に投入するくらいしか手はありませんが、これは避けて通れません。そうならないように品質管理の仕組みをしっかり構築しましょう。

　以上をまとめたのが〔図X-2〕となります。品質不具合の原因追及・目標設定・対策立案などについては次項以降で説明しますが、原則としてこれらの視点をベースに色々と対策を考えていくこととなります。

〔図X-2〕

```
┌─────────────────────────────────┐
│ お届けする製品・商品の形状を維持    │
│ することができない                │
│        ➥「工程接点」に要因         │
└─────────────────────────────────┘

┌─────────────────────────────────┐
│ お届けする品物や数量を間違える      │
│        ➥「確認作業」に要因         │
└─────────────────────────────────┘

┌─────────────────────────────────┐
│ 時間に遅れる・時間を守れない        │
│ ➥時間に関連する全ての工程に要因     │
└─────────────────────────────────┘
```

2　物流品質の分析手法と目標設定

　次に品質の分析手法と目標設定について述べましょう。最初に、物流品質の改善全体について、〔図X-3〕で手順を示します。大きく4つの手順がありますが、本項目では最初の2つについて説明します。

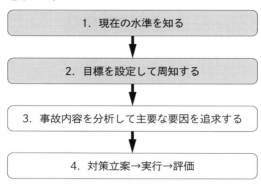

1. 現在の水準を知る

2. 目標を設定して周知する

3. 事故内容を分析して主要な要因を追求する

4. 対策立案→実行→評価

 現在の水準を知る

　まず、品質の実態を明らかにするために品質不具合（事故やクレーム等）の実績を記録します。

　品質事故、特に労災などに関わる重大事故について記録を取っていない企業はないと思いますが、クレームの詳細な内容が残っていないことも珍しくありません。怒り狂った顧客の対応に追われてそれどころではなかったという事情もあるでしょうが、現状を確実に把握することは問題解決の第一歩です。原則として、遅くとも「クレームや不具合が起こった週の週末まで」に記録を残すようにしましょう。

　記録の原則として、いわゆる5W1Hを守るようにしましょう。「いつ（When）・誰が（Who）・どこで（Where）・何を（What）・どのようにして（How）」起こったのかを明確にします。

　なおここには「なぜ」（Why）が入っていませんが、「なぜ」の追求＝原因分析は最も重要なので、できれば別の方法で管理を行う事が望ましいです。「なぜ」を担当者の主観だけで書いても、実はあまり役に立ちません。

🚚 目標を設定して周知する

　実態把握によって、前項で述べた４つの品質不具合（納期遅延・破損汚損・誤品誤納・労災などの人的事故）ごとに、どの期間で何件くらいの不具合が発生したかが分かります。次はこれに基づいた目標設定です。

　目標設定において最も重要なのは「発生率」です。

　20 年くらい前までは、多くの物流事業者において「ミスやクレームの件数は分かっても、発生率は分からない」という事象がよく見られました。年間 10 件の事故というのは、それが 100 件中なのか 1 万件中なのかによって全く意味合いが変わります。ですので、ミス・クレームの絶対件数は管理指標としては意味を持ちません。

　発生率の計算式は「ミス・クレーム件数／出荷納品件数」です。出荷納品件数とは、何件の顧客／得意先／取引先にものを運んだかという件数です。ミスやクレームはこの件数単位で発生するので、最も適切な指標と言えます。代替指標として出荷物量などを使う場合もありますが、出荷納品件数比に比べると正確性は下がります。

　この発生率に対して目標を設定します。一般的な水準として、JMACでは 0.01 ％、1 万件に 1 件という数値を置いています。多分に経験則的な数字ですが、多くの会社がこれに近い数値を目標としています。PPM（百万分率）で表記すると 100 ですから、これより厳しい目標を置いている企業もかなりの数に上るでしょう。

　世の中にはこの水準を上回る品質基準を達成している企業も多く、100 万件に 1 件、PPM 1 ケタレベルの水準の企業もあります。ただし、このレベルの品質水準を達成するためにはそれなりの自動化投資・機械化投資が必要となります。実際、PPM 1 ケタレベルの品質を達成している物流センターは、ソーター・SAS（自動順立て機）・GTP・自動検品装置などを積極的に導入しています。人がピッキングの際にハンディ

ターミナルなどを見ながら歩いて作業しているタイプの現場では、
0.01％という目標は妥当な水準であると考えます。

　以上を図式化したのが〔図X‐4〕となります。

〔図X‐4〕

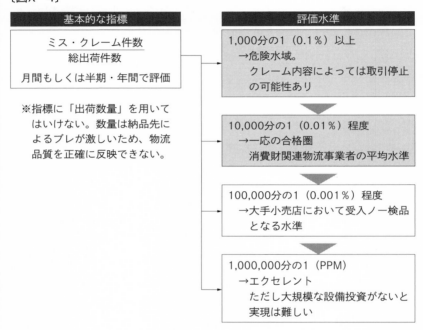

基本的な指標	評価水準

| ミス・クレーム件数 / 総出荷件数　月間もしくは半期・年間で評価 | 1,000分の1（0.1％）以上　→危険水域。クレーム内容によっては取引停止の可能性あり |

※指標に「出荷数量」を用いてはいけない。数量は納品先によるブレが激しいため、物流品質を正確に反映できない。

	10,000分の1（0.01％）程度　→一応の合格圏　消費財関連物流事業者の平均水準
	100,000分の1（0.001％）程度　→大手小売店において受入ノー検品となる水準
	1,000,000分の1（PPM）　→エクセレント　ただし大規模な設備投資がないと実現は難しい

　もう１つ、目標設定に関して重要なのは「ミス・クレーム件数ゼロを
目標としてはいけない」ということです。その理由は大きく２つありま
す。

　１つ目の理由は「ミスやクレームは原理的にゼロにはなり得ない」と
いうことです。品質管理や在庫管理の分野では統計的な発生率に基づい
て管理水準を決めますが、ミスやクレームゼロというのは「管理工数無
限大」の世界です。つまり、どれだけ注意をしていてもミスやクレーム
は発生するという前提を置いた上で、管理を行うべきです。

1980 年代に一世を風靡したシックス・シグマという管理手法では、不良率の発生を「100 万件に対し 3〜4 件に抑える」と定義しています。シックス・シグマは通常の品質管理水準に比べるとかなり厳格ですが、それでも発生率ゼロを想定していないのです。このことからもゼロ目標にあまり意味がないことが解ります。

　もう 1 点、こちらの方が重要なのですが、ゼロ目標の場合 1 件でもミス・クレームが発生したら、目標未達となってしまいます。

　年間 10 件以下のミス・クレーム率目標を設定した場合、例えば年度初めの 4 月〜5 月で 5 件のミスやクレームを起こしてしまったとしたら「あと 10 か月で 5 件以下のミス・クレームに抑えなければならない」という意識ができ、ある程度緊張感を持ちながら業務を遂行していくことになります。

　これがミス・クレームゼロの目標だった場合、もし 4 月に 1 件でもミス・クレームが出たらその時点で目標未達となります。そのあとは極論すれば「何件起こしても評価は同じ」になりかねません。品質維持に対する現場の意欲が著しく弛緩する可能性があります。

　もしミス・クレームゼロをどうしても指標としたいなら、生産工場などでよく使われている「無事故日数・期間」を用いてはいかがでしょうか。これならば、ミスや事故を起こしても無事故が何日続いたかという形で前向きな評価が残り、現場のモチベーション維持にプラスの効果があります。

　結論を再度繰り返しますと、ミス・クレームゼロという目標は原理的に達成が不可能な上に、現場の意欲にマイナスに働く可能性が高く、百害あって一利なしです。品質ゼロ目標を設定している企業は、発生率をベースとした現実的な目標を設定することを強く推奨します。

3 ミス・クレームの改善

　続いて、ミス・クレームの改善について説明しましょう。前項でも提示した手順の後半2つが対象となります〔図X-5〕。

〔図X-5〕

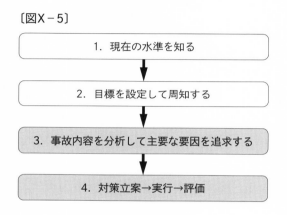

1. 現在の水準を知る

2. 目標を設定して周知する

3. 事故内容を分析して主要な要因を追求する

4. 対策立案→実行→評価

🚚 事故内容の分析と主要な要因追求

　前項で述べた5W1Hのうち、言及していなかったWhy（なぜ）の分析がここで登場です。品質管理においては「なぜ」の追求が最も重要で、真の原因・問題点を（少なくともある程度確からしいところまで）突き止めておかないと、有効な対策は打てません。

　そのためによく使われるのが「なぜなぜ分析（R-f分析）」あるいは品質管理7つ道具の1つである「特性要因図（通称：魚の骨）」などです。手法の細かい説明は類書に譲りますが、この分析を行うためのポイントを1つだけ挙げるとすれば、「ミス・クレームの原因を人（の不注意や資質・やる気）のせいにしない」ことが挙げられます。

　なぜなぜ分析をある程度行ったら、原因に対して実際に起こったミ

ス・クレームの内容を当てはめていきます。そして、より件数の多い原因に対して、対策を立案します。対象の多い順から対策を行うのは、パレート分析・ABC分析などの考え方をもとにしており、これも品質管理においては大変重要な視点の1つです。

なぜなぜ分析の例を〔図X－6〕で示しておきましょう。

〔図X－6〕

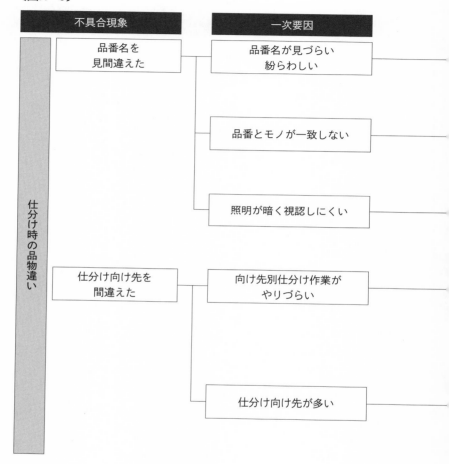

二次要因	改善施策
品番の表示が小さい	品番表示の拡大・明確化 品名表示の併用
品番桁数が多い	桁数表示方法の変更 （文字間調整等）
似たような品物が多く 区別が難しい	HTやデジタルピッキング等 仕分け支援設備導入
初心者では品物の判断が しづらい	
照明の位置が高い	照明高さの見直し
照明の数が少ない	照明数の見直し
仕分け向け先間口表示が 見づらい（字が小さい等）	向け先表示の拡大・明確化
仕分け向け先間口の 位置が高い、あるいは低い	仕分け間口のレイアウト変更 設備変更（棚の仕様など）
向け先間口同士の 間隔が狭い	
バッチごとの仕分け先の 数が多い	仕分けのための作業バッチ 編成見直し
少量納品しかない向け先の 比率が多い	トータルピッキング・オーダー ピッキングの組み合わせ変更

🚚 対策立案→実行→評価

〔図X-7〕で、対策の考え方について説明します。

〔図X-7〕

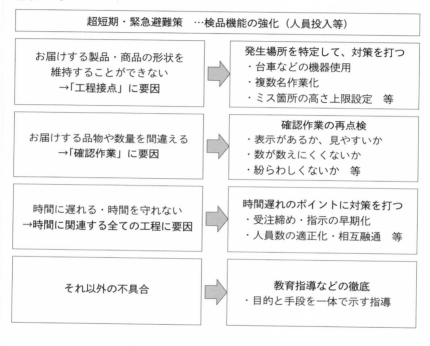

「工程接点」に関しては、接点での作業方法を変えます。素手で運んでいて落としてしまった・壊してしまったのであれば、台車などのマテハンを使用します。1人で作業していて品物を間違えたのであれば、複数人作業として、確認も一緒に行います。高さの目測を誤って事故になったのであれば、作業の高さ上限設定を行います。

「確認作業」に関しては、DX化（ICタグや二次元バーコード導入）により人の目視作業を極限まで減らすのが最適解ですが、導入が難しい場合「表示の仕方を変える」「アイテムの陳列を変える」「確認業務の方法

を変える」などをの対策を打ちましょう。検品・確認回数は増やせば増やすほど精度が落ちるというデータもあり、むやみな多重検品化はリスクがあります。ダブルチェックが通常の仕組みとなっている場合は、一度見直しをかける方が良いかもしれません。

「時間遅延」については、遅れを特に起こす工程（ボトルネック）を見つけてそこに手を打つしかありませんが、顧客要求や雇用の形態など仕組みそのものの見直しに着手しないと改善が難しいケースが多いです。しかしこれは逆に見れば改善の大きなチャンスであるともいえます。

併せて、改善を考える際に有効な手法を〔図X‐8〕で紹介しておきましょう。読者の皆さんがよくご存じのものが並んでいると思います。

〔図X‐8〕

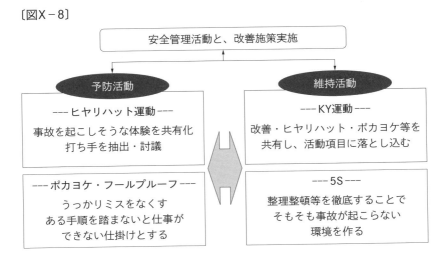

どれも重要な視点ですが、物流品質において特に重要なのは「ヒヤリハット」と「5S（2S・3S等でも）」だと考えます。

ヒヤリハットについては、筆者は面白い経験をしています。ある物流事業者で「とにかくたくさんヒヤリハットを出そう」キャンペーンを行

いました。あくまで品質不具合を定量化するための試みの1つだったのですが、キャンペーン期間中に「ミス・クレーム件数が半分になる」という事象が起こりました。要はヒヤリハットを抽出するためにいろいろと注意して作業内容を見ていた結果、ミスやクレームが減ったのです。

　これは一時的な現象で、ヒヤリハットを続ければ永続的にミス・クレームが減るというわけではありませんが、ヒヤリハットを通じてミス・クレームが出ない仕組み作りに繋げるという観点からは大変有効であることがご理解頂けると思います。

　5Sについては紙幅の関係から詳細な説明は類書に譲りますが、最も重要なのは「動機付け」です。5Sを行う事で良くなること、例えば生産性向上や品質向上といったメリットが実際に作業をしている方々に伝わらない限り、5Sは余計な仕事で終わってしまいます。

　そのためにも、まずはテスト的に対象を限定して5Sを徹底してやってみることをおすすめします。ミスやクレームが頻発している品物ゾーンなどがあると一番良いでしょう。5Sを継続的に2週間程度続ければ、品物が取りやすくなる・誤ピッキングが少なくなるといった効果が目に見えて現れるはずです。こうして成果が見えれば、後は現場で自律的に5Sが維持されるようになるでしょう。

XI　物流コスト

1　物流コストの定義

　物流コストや物流費は、多くの企業で管理・把握されている費用だと思います。では、皆さんが普段から使っている"物流コスト"に自社の物流に関連した全ての費用は含まれているでしょうか。

　例えば、自社で物流を行っている企業では、物流部など、物流をメインの業務としている部署で発生している費用を物流コストとしていたとします。このとき、突発的な物量の増加により物流部が他部署からの応援を受けたとします。この他部署からの応援は、物流に関連する業務に対するコスト（人件費）となるため、物流コストとしてカウントされるべきですが、おそらく応援を受けた工数を管理して物流コストとしている企業はそれほど多くないと思います。

　一般に「物流コストは把握が難しい」と言われています。そのため、物流コストの把握を行う際には、「何を（どこまでを）物流コストとするか」という定義や範囲を明確にすることがとても重要になります。また、コストの把握自体は目的ではなく、コストを把握する事で「改善ポイント＝利益の源泉はどこに眠っているのか」を確認すること、自社の物流サービスの収益性を理解することなどが目的です。したがって目的を意識して定義を行うことがポイントとなります。

では、ここからは、代表的な３つの視点「物流領域別」「原価要素別」「物流機能別」で物流コストの構成要素を説明していきます。

　まず、物流領域で分類する場合、調達物流費、社内物流費、販売物流費、回収物流費の４つに分類されます。

　調達物流費は原材料や部品、もしくは商品を調達する際に発生する物流費です。注意点としては、輸送費としての調達物流費は、部品や商品などの代価の中に自社の倉庫までの物流費が含まれていることがあり、把握が難しいという点が挙げられます。

　社内物流費は、自社倉庫から自社工場までといったように自社施設間で発生する物流費です。つまり、輸送に関連する物流費と言い換えることもできます。

　販売物流費は、自社の倉庫から顧客の店舗などへ製品を販売する際に発生する物流費で、配送に関連する物流費と言い換えることもできます。

　最後に回収物流費ですが、輸送や配送の際に使用したパレットや梱包資材などの回収や、不良品や廃棄品などをリサイクルする際に発生する物流費です。回収物流の他にも静脈物流と呼ばれる他、不良品の返送などに限って返品物流などと呼ばれることもあります。

〔図XI−1〕

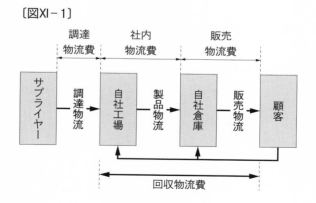

次に、原価要素による分類は、自社払い物流費と他社払い物流費となります。

　自社払い物流費は、社内（自家）物流費と支払い物流費に分かれます。

　物流コストの把握が困難とされている理由の１つは、この社内物流費にあります。他社払い物流費は社外への支払いで請求書などが残るため、把握は比較的容易です。一方の社内物流費は会計上において物流費として計上されず、他の費目に混入されることが多いため、定量的に管理できていない企業も見られます。

　他社払い物流費は、例えば、部材を自社倉庫までの物流費込みで購入している場合です。この場合、部材自体の値段に加えて、配送に係る人件費や燃費、トラック等の維持費用などを加味して価格が決定されています。

　ここで大事なことは、送料込み（物流費込み）の商品代でも物流コストは発生して支払っているということを認識し、物流コストとして把握する対象に含めるということです。

〔図XI－2〕

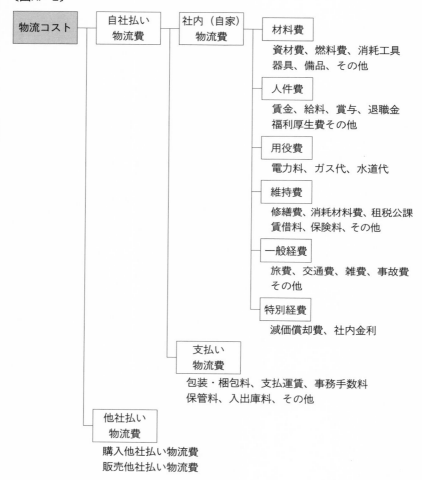

物流機能による分類は物資流通費、情報流通費、物資管理費となります。

物資流通費は物流の5大機能である、輸配送費、保管費、荷役費、流通加工費、包装（梱包）費に分かれます。物を動かす、保管するなど、物理的な行為に対して発生する費用です。

次に、情報流通費は物流に関する情報を伝達するために発生する費用です。例えば、WMS（Warehouse Management System）やTMS（Transport Management System）などのシステム開発費用や維持費用が挙げられます。

最後に物資管理費は、物流全体の計画業務や調整業務など間接的に発生する費用です。物資管理費について注意する点としては、物流センターや倉庫などの業務担当者・管理者だけではなく、物流という業務に携わっている本社スタッフなども漏れなく対象に加えることです。

物流コストの把握において大事なことは、物流に関する組織ではなく、業務を対象として捉えることです。したがって、コスト把握の目的を踏まえて、物流コストの対象となる業務を洗い出すことが重要となります。

［図XI－3］

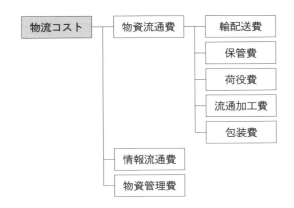

物流コストを把握する上で代表的な視点を3つ紹介しましたが、それぞれを単独で用いるだけでなく「物流領域別×原価要素別」や「物流機能別×原価要素別」「物流領域別×物流機能別」というように、2つの視点を縦軸と横軸で組み合わせたマトリクスを用いてコスト構造を整理し

ていくことをおすすめします。ただ、物流費の把握を行う際に一般的に言えることとして、はじめはあまり精緻になりすぎず概算でもよいという気持ちで始めることも重要です。

2 物流コスト管理のポイント

物流コスト管理の目的は、物流コストを適切に把握し、イレギュラー発生の発見と改善・防止と各種改善・改革を通じたコスト削減を行うことです。この目的を達成するためには、物流構造、物流をとりまく事業環境、物流コストの整理が必須となります。

物流構造の整理では自社が関連しているサプライチェーン全体の構造を把握していきます。サプライチェーン全体の構造を把握することでコスト削減の対象範囲も大きくなります。また、取引先の変更や、自社拠点の新設などで物流構造が変わると、物流コストの構造も変わるため、定期的に見直しを行うことが重要です。

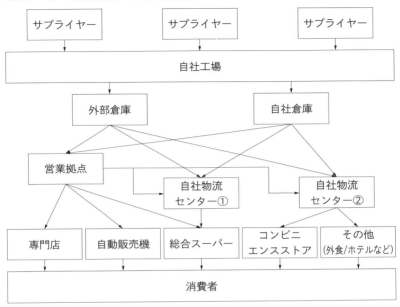

次に物流をとりまく事業環境の整理です。〔図XI-5〕で示すとおり、実際にコスト削減を推進する際、事業の特性や市場の特性から考慮すべき制約は多いです。一度、事業環境を整理する事で、制約を明確にする狙いがあります。また、物流プロセスや受注〜納品のリードタイムなどを整理することで、物流コストに影響を与える要因や改善すべき対象を把握する狙いもあります。

〔図XI-5〕

環境	特性	具体例
外部環境	市場特性	流通構造、需要変動の実態、リサイクル上の要件など
	顧客特性	顧客の発注特性、納品までのリードタイム、付帯サービス条件など
	競合特性	競合の製品、市場戦略、サービスレベルなど
内部環境	商品特性	商品展開の方向、品揃え・アイテム数、商品のライフサイクルなど
	需給構造	需給〜製造プロセス、製造リードタイムなど
	受注構造	顧客からの受注機能の実態、受注から在庫引当、出荷までのプロセスなど

　物流コストの整理については、先に述べた物流コストの定義に従って整理をしていきます。定常的に管理していくことを踏まえると、コスト整理のやり方を手順化しておくことをおすすめします。

　物流コストが整理されたら、次のステップとしてコスト管理をしていくことが必要です。ここからは、物流コストを管理する３つのポイントを説明します。
　①　物流コストは原単位で把握する
　②　他社との比較に気をつける
　③　社内の比較は可能な限り挑戦する
　ポイントの１つ目は、物流コストは原単位で管理する事です。原単位あたりの物流コストとは、ある一定の単位を運ぶ、処理する際に発生する物流コストを指します。例えば荷役であれば１カートン、１ケース、１パレットを処理する際の物流コストを指しますし、輸配送であれば1km あたり 1t を運んだ際（トンキロ）の物流コストを指します。
　原単位で物流コストを管理する理由は、物流費を絶対額を見てしまう

と判断を誤る可能性があるからです。

　例えば、年間売上高100億円、物流費が5億円の企業において、物流費が5,000万円下がったとします。物流費だけを見れば下がっていますが、売上が20億円下がっていればなんの意味もありません。また、物流費は売上に比例しないことも多いです。例えば、販路が広がり多頻度で配送する必要があり、売上は変わらないのに物流コストは20億円になってしまうこともありえます。物流の環境が変わったことによる原単位の物流コスト増加にどれだけ早く気付くか、またどのように維持・削減するかという視点で管理を行うことが重要です。

　物流コスト管理のポイントの2つ目は他社との比較に気をつけることです。自社の状況を知るために他社との比較を行うことは重要ですが、物流費を他社と比較する際には注意が必要です。

　物流費が10%と5%の会社があったとしても、物流費の定義や範囲が異なると単純に比較することができないからです。

　物流コストに関する調査では、公益社団法人日本ロジスティクスシステム協会（JILS）が毎年行っているものがあります。JILSでは毎年荷主企業を対象に「物流コスト調査」を行い、調査結果を報告書として公表しています。調査項目として、対売上高物流コスト比率の推移、物流コストの業種別動向、日本全体のマクロ物流コストなどを掲載しており、概要版であればJILSのホームページから閲覧することが可能です。

　「物流費は他社とは単純に比較できない」と念頭に置いた上であれば、自社の物流費の問題点に気づくヒントになるかもしれません。コスト管理において重要なのは、「他社より悪いからダメだ」と短絡的にならず、他社と比較して物流費が高いという原因が、定義の違いなのか、機能の違いなのか、仮に本当に高いとすると、どの物流プロセスが原因で物流費が高いのかなどの分析・検討を行い、改善に繋げることです。

物流コスト管理のポイントの3つ目は、自社内の比較は積極的に行うことです。物流コストの定義や範囲が明確になっており、自社の各センターや部署などで同じ定義や範囲を用いていれば自社内の比較は有効な情報になります、他のセンターと比較して、著しく物流コストが高ければ至急改善が必要ですし、物流コストが低ければ、コスト改善の取り組みなどを他のセンターと共有することで会社全体の物流コストを削減する事に繋げる事ができます。

3　物流コスト適正化手法

　ここまで、物流コストの定義や把握方法、管理の方法について説明してきました。繰り返しになりますが、いきなり改善を行おうとするのではなく、自社の物流コストの定義を明確にし、現状把握を行う事が先決です。現状分析を実施した後、具体的な改善を行うステップで次に述べる視点をいかすようにしてください。

　コスト改善の視点は、まず3つに分類できます。まず1つ目は、物流の契約単価や方式の見直し及び委託事業者の変更です。2つ目は物流業務の生産性改善や業務プロセスの見直しです。3つ目は、SCM・ロジスティクスの観点からの見直しです。改善活動の推進においては3つの視点を組み合わせて推進することが重要です。

SCM・ロジスティクスの観点からの見直し

物流ネットワークの再編による構造の見直し、物流の共同化推進、ミルクランやVMI方式の導入など

3つの視点の組合せで改善活動を推進する

契約単価や契約方法の見直し

BIDによる定期的な評価・再契約、他社ベンチマーキングの活用、3PLなどの外部リソース活用など

業務の生産性や業務プロセスの見直し

車両効率向上、荷役作業の生産性向上、倉庫レイアウト改善、スペース効率の向上、業務プロセス改善など

　まず物流の契約単価や方式の見直し及び委託業者の変更です。具体的には査定による契約単価の改定、競争入札（BID）による定期的な取引業者の評価・再契約、（現在自社で物流を行っている場合）物流の外注化・3PLへの業務委託などが挙げられます。他の委託事業者候補から見積もりをとるなどして常に相場観をもち、既存の契約単価が妥当かどうかを確認することは重要です。

　物流を外部に委託していない場合は、物流の専門家である物流事業者への業務委託や3PLへの業務委託を行うことで、単にコスト削減に繋がるだけでなく、物流品質の向上など副次的な効果が望めることが挙げられます。また、単価見直しだけであれば比較的労力がかからないということも挙げられます。

　一方、物流プロセス自体を改善せずに単価の改定だけを行ったり外部へ委託したりしても、根本的な改善に繋がらない可能性があります。また無理な単価低減などをしては委託事業者が疲弊してしまい、契約が長

続きしない可能性もあります。このため、契約の見直しや委託事業者の変更を行う際には、次の改善の視点に当てはまる物流プロセスの見直しを同時に行うことが望ましいです。

〔図XI-7〕

```
┌─────────────────────────────────┐
│ 物流の契約単価や方式の見直し        │
└─────────────────────────────────┘
    │
    ├──┌──────────────────────────────────────────┐
    │  │ 料率査定に基づく輸配送費、保管、荷役費の料金改定 │
    │  └──────────────────────────────────────────┘
    │
    ├──┌──────────────────────────────────────────────┐
    │  │ 競争入札（BID）による定期的な取引業者の評価・再契約  │
    │  └──────────────────────────────────────────────┘
    │
    └──┌────────────────────────────────────────┐
       │ 物流のアウトソーシング、3PLへの業務委託      │
       └────────────────────────────────────────┘
```

　次に、物流業務の生産性改善や業務プロセスの改善です。物流業務の生産性改善や業務プロセスの改善では、単に単価を低減させるだけでなく、業務プロセス自体を見直すため、無理なくコスト削減を進めることができます。また、改善活動の仕組みを定着させることができれば、継続的な改善が望めます。Ⅵ章で物流の改善について説明していますので、参考にして改善を実施して頂ければと思います。

　最後にSCM・ロジスティクス観点からの見直しです。

　具体的には、物流拠点の再編・拠点統合、需給プロセス見直しによる在庫削減、販売チャネル再編・流通ネットワークの構築による物流構造の見直し、共同配送化の推進、荷主が集荷を行うミルクランやサプライヤーが在庫管理を代行して納入するVMI方式の導入などが挙げられます。SCM・ロジスティクスの観点からの見直しでは、他部門や他社の巻き込みを行うため、大幅な物流コストの削減が望めます。一方で、利害が異なる関係企業や部署が増えるため、強力なトップダウンでのプロジェクト推進が必要不可欠です。

〔図XI−8〕

SCM・ロジスティクスの観点からの見直し

- 物流拠点の再編・拠点統合、グローバル拠点の活用
- 需給プロセス見直しによる在庫削減
- 販売チャネル再編、流通ネットワークの構築による物流構造の見直し
- 物流共同化（調達・集荷・配送など）の共同化推進
- ミルクランやVMI方式の導入
- アウトソーシングや物流内外作の変更

XI　物流コスト

グリーン物流

1 物流業界を取り巻く 脱炭素・カーボンニュートラルの動向

　グリーン物流とは、地球温暖化対策や資源の有効活用を目的として、物流活動における環境へのマイナス影響を最小限に抑え、企業や社会の持続可能性を創出するための取り組みを指します。これらの取り組みは、環境配慮型物流やグリーンロジスティクスとも呼ばれます。本項では、グリーン物流が、今なぜ注目されているかについて、環境分野における社会情勢の変化から説明していきます。

　特に環境分野において、2015年は新たな潮流、変革の年となりました。その理由の1つが、パリ協定の採択です。パリ協定は、2015年12月にパリで開催された第21回締約国会議（COP21）にて、2020年以降の温暖化対策の国際的な枠組みとして採択されました。パリ協定では、世界の平均気温上昇を産業革命前と比較して「2℃よりも十分低く」抑えて（2℃目標）、さらに「1.5℃未満」に抑えるための努力を追求するとされていました（1.5℃目標）。なお、近年では、2℃目標ではなく1.5℃目標の実現に向けた動きが活性化しています。

　また、最近メディアに取り上げられる頻度が増えたため、世の中に広く知れ渡るようになった『持続可能な開発目標（SDGs：Sustainable Development Goals）』の提唱も2015年の出来事です。SDGsは、

2015 年 9 月に国連総会で採択された 17 の目標（ゴール）、169 のターゲットからなる国際目標で、2030 年目標とも言われます。SDGs の 17 の目標のうち、環境保全に関する 4 つの目標があり、中でも 13 番目のゴール「気候変動に具体的な対策を」では「気候変動及びその影響を軽減するための緊急対策を講じる」ことを目指しています。

　気候変動に関連するリスクは、ダボス会議前に発行されるグローバルリスク報告書においても、毎年上位にランクインしています。ダボス会議とは、スイス・ジュネーブに本拠を置く非営利財団、世界経済フォーラムが毎年 1 月に、スイス東部のダボスで開催する年次総会のことです。

　また、グローバルリスク報告書とは、1,200 名以上のグローバルリスク有識者・政策立案者・産業界リーダーの見解を含む報告書であり、現在の経済的・社会的・環境的・技術的緊張から生じる主要なリスクを分析しています。同報告書では、「今後 10 年間の深刻なグローバルリスク」上位 10 位として以下を発表しています。

〔今後10年間〕

1	気候変動緩和策の失敗
2	気候変動への適応（あるいは対応）の失敗
3	自然災害と異常気象
4	生物多様性の喪失や生態系の崩壊
5	大規模な非自発的移住
6	天然資源の危機
7	社会的結束の低下と社会の二極化
8	サイバー犯罪の拡大とサイバーセキュリティの低下
9	地政学的な対立
10	大規模な環境破壊事象

（出典）World Economic Forum Global Risks Perception Survey 2022–2023より抜粋して掲載

　これらリスクに関連する地球温暖化の原因は、温室効果ガス排出によるものと言われています。この温室効果ガス排出量のうち、8割～9割程度がエネルギー起源CO_2です。エネルギー起源CO_2とは、石炭や石油などの化石燃料を燃焼して作られたエネルギーを、産業や家庭が利用や消費した際に生じる二酸化炭素のことを指します。また、エネルギー起源CO_2以外には、非エネルギー起源CO_2やメタン（CH_4）、一酸化二窒素（N_2O）起源のものもあります。しかし、これらの割合はごく僅かなので、前述のとおり地球温暖化対策には、温室効果ガス排出の大部分を占めるエネルギー起源CO_2の排出抑制が求められます。

　日本における温室効果ガス排出量は、年間約11億トン（CO_2換算）で、2014年以降微減傾向にはあります。しかし、現状の削減ペースでは、我が国の目標には到底届きません。日本は、2021年4月開催の米国主催気候サミットにて、2050年時点でのカーボンニュートラルを長

期目標としています。その目標と整合性がある野心的な目標として、2030年に温室効果ガス排出量46％削減（2013年度比）を目指すという宣言をし、さらに、50％の高みに向けて挑戦を続けていく決意を表明しています。カーボンニュートラルは、ネットゼロとも呼ばれ、二酸化炭素排出量から吸収量を差し引いた合計がゼロ（ネットゼロ、実質ゼロ）の状態をいいます。

　二酸化炭素吸収は、主に森林により行われますが、日本の年間吸収量は0.4億トン程度しかありません。また、その僅かな吸収量も森林の成熟に伴い、年々減少傾向にあるため、今後排出量削減が益々求められることになります。

〔図XII-2〕　我が国の各部門における CO_2 排出量（電気・熱配分後）

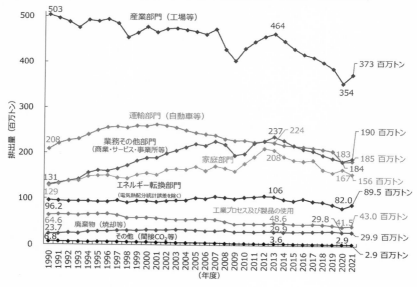

2013 年度を 100 とした変化 〔増・減〕

年度	2010	2013	2020
運輸	102	100	82
業務その他	84	100	77
家庭	86	100	80
産業	93	100	77
工業プロセス	96	100	87
産廃物	99	100	104

元データ：2020 年度版（令和 2 年度）の温室効果ガス排出量（確報値）（環境省・国立環境研究所）

（出典）国土交通省 HP「国土交通省における地球温暖化対策について【概要】

　では、物流業界における二酸化炭素排出量は、どの程度なのでしょうか。2020 年度の部門別二酸化炭素排出量をみると、運輸部門は約 17.7 ％程度を占めています。そのうち、物流に関わる貨物車でみると、営業用貨物車が 21.9 ％、同様に自家用貨物車は 17.4 ％で、合計で 39.2 ％（注：四捨五入の関係で 39.3 ％ではなく、39.2 ％となる）（日本全体の 6.9 ％）を占めます。また、物流拠点における二酸化炭素排出にも目を向けなくてはなりません。特に、冷蔵（チルド）・冷凍（フローズン）を取り扱う物流拠点においては、冷凍冷蔵庫、冷却設備、低温空調設備などの稼働により多大な電力消費量となっています。この日本全体の約 6.9 ％を占める貨物車による排出量と、物流拠点での電力による排出量の削減なくして、2030 年度に 2013 年度比 46 ％削減の目標達成は困難と言えます。

　日本には、排出量削減に向けた法律「エネルギーの使用の合理化及び非化石エネルギーへの転換等に関する法律」（省エネ法）があります。省エネ法は、石油危機を契機として 1979 年に制定された法律です。本法では、保有車両トラック 200 台以上の特定輸送事業者、そして年間貨

物輸送量が3,000トンキロ以上の特定荷主は、省エネへの取り組みに関する計画をまとめた中長期計画並びに、エネルギーの使用量等の情報を記載する定期報告の義務があります。

　この省エネ法は、時代に合わせた改正が何度も行われています。例えば、2018年に施行された改正省エネ法では、EC市場拡大に伴ってEC事業者も荷主の対象としています。これまでは、貨物の所有権のないネット小売事業者は、荷主の非対象でしたが、近年のEC市場の拡大に伴う小口配送や再配達の増加によりエネルギー使用量が増加したことを受けて、EC事業者などを含めた輸送の方法等を決定している事業者を、貨物の所有権に関わらず規制の対象とすることとしました。

　2023年4月から施行された改正省エネ法でも、脱炭素・カーボンニュートラル実現の目標に合わせた改正が行われています。改正の観点は、次の3つです。

　1つ目は、エネルギーの定義の見直しです。これまでの省エネ法の目的は、燃料資源の有効な利用確保のための化石エネルギーの使用の合理化でした。このため、バイオマスや水素、そして太陽光発電などの再生可能エネルギーを含む非化石エネルギーは、対象外となっていました。ただ、非化石エネルギーは供給制約があるため、需要サイドでの効率的な利用が不可欠です。そのため、改正省エネ法では、エネルギーの定義を、非化石エネルギーを含む全てのエネルギーとしています。

　2つ目は、非化石エネルギーへの転換です。需要サイドのカーボンニュートラルに向けた取り組みとしては、化石エネルギーの省エネ強化と非化石エネルギーへの転換があります。この転換を加速させるためにも、改正省エネ法では、先ほどに説明した中長期計画に非化石エネルギーの利用割合向上を盛り込まなくてはならず、また、その利用状況について定期報告が求められるようになります。

　3つ目は、2011年の東日本大震災を契機に考えられてきた電気の需

給調整になります。再生可能エネルギーは、天候により発電量つまり供給量のバラつきが起きます。そのため、需給バランスをとる必要があり、その具体的な施策の1つがディマンド・リスポンス（DR）です。DRとは、電気を使う需要サイドが、使用量や時間を調整することで、電力需給を均衡させていくことです。具体的に言うと、再エネ余剰電力発生時には需要を増やす上げDRを行い、逼迫時には需要を減らす下げDRを行います。供給状況に応じて電気換算係数を変動させる、平たく言えば、電気が余剰の時間に使用した電気は、環境負荷が軽くなるという仕組みを作るということです。

このように、物流業界を取り巻く環境は大きく変わってきています。特に、二酸化炭素排出量削減に向けた省エネ活動、再生可能エネルギーを始めとした非化石エネルギーへの転換活動による、脱炭素・カーボンニュートラルへの対応は待ったなしの状況となっているのです。

2　SDGs や ESG との関連

読者の皆さんは、SDGsの前身となる国際目標があったことをご存じでしょうか。それは、2015年目標とも呼ばれるミレニアム開発目標（MDGs：Millennium Development Goals）です。MDGsは、国連や政府が活動の主体となり、発展途上国を開発することが目的とされていました。

この国際目標は、2000年からの15年間で、一定の成果を収めたと言われています。しかし、MDGsには課題も残りました。MDGsは、開発に重きが置かれたため、自然環境保全の観点が不足しました。現在でこそ経済性（開発）と社会性（社会問題、環境問題）は両立を目指すという考え方が一般的ですが、MDGs採択当時の2000年では、経済性と社会性は別枠と捉える風潮にありました。そのため、環境にあまり考慮

せず開発を進めた1990年以降、世界の二酸化炭素排出量は50％以上も増加しました。

これらの反省を踏まえて、〔図XII-3〕にもありますようにMDGsの後継であるSDGsでは、「誰一人取り残さない」を理念として、活動の主体も国連や政府に留まらず企業や一個人までに広げ、かつ、対象も発展途上国に限らず先進国も含みました。温室効果ガス排出の相当を占める先進国の協力なくして、環境問題は解決しないからです。このような背景から、SDGsの中でも、環境保全、特にゴール13の気候変動がフォーカスされるのです。

これは、ESGに関しても同じです。ESGとは、環境（Environment）、社会（Social）、ガバナンス（Governance）の頭文字を取った造語です。気候変動問題や人権問題などの世界的な社会課題が顕在化する中、企業は環境・社会・ガバナンスの3つの視点で取り組みを行うべきという考えが広く浸透してきています。企業がESGの観点での経営、つまりESG経営をすることで、投資家などから企業価値毀損のリスク回避しており、また、長期的な成長を支える経営基盤を強化していると評価されます。

〔図XII-3〕

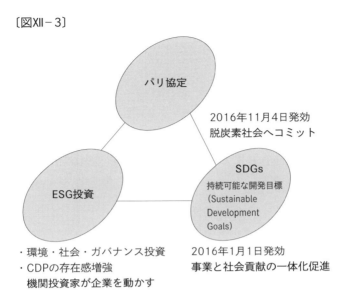

この ESG の観点での投資である ESG 投資は、増加傾向にあります。世界の ESG 投資額の統計を集計する国際団体である GSIA（Global Sustainable Investment Alliance）が 2021 年 7 月 14 日に発表した、ESG 投資に関する統計報告書「Global Sustainable Investment Review（GSIR）」の 2020 年版（注：GSIA は同報告書を 2 年に一度発行。2020 年統計版は 2021 年に遅延）によると、2018 年から 2020 年までの 2 年間で世界全体の ESG 投資額は 15.1％増加し、35 兆 3,010 億米ドル（約 3,900 兆円）となりました。中でも日本は伸長率が高く、2018 年の 2 兆 1,800 億米ドルから 2020 年は 2 兆 8,740 億米ドルへと 31.8％増加しています。

全世界的に"ESG 経営"が標準になる中、日本も非財務情報の開示を世界水準に合わせるため、2022 年 4 月に東京証券取引所が再編され、プライム市場、スタンダード市場、グロース市場の 3 つに区分されました。この際、プライム市場を選択する企業には、気候変動による財務影

響情報である、気候関連財務情報開示タスクフォース（TCFD：Task Force on Climate-related Financial Disclosures）に基づく情報開示を義務付けています。

　このTCFD開示に向けて重要になるのが、自社のサプライチェーンに関連する温室効果ガス排出量（サプライチェーン排出量）の把握と、その中長期削減目標の設定です。

　〔図XII-4〕にもありますサプライチェーン排出量には、1〜3の3つのScopeがあります。Scope1は、事業者自らの燃料使用や工業プロセスによる温室効果ガスの排出量のことを指し、直接的排出量とも呼ばれます。Scope2は、事業者の活動に関連する他社の排出量とも呼ばれる、自社で他社から供給された電気、熱、蒸気を使用した事による温室効果ガスの間接排出量です。

　そして、Scope3は、Scope1、Scope2以外の自社に関連する間接排出を指し、原材料調達・製造・物流・販売・廃棄など、一連の流れ全体から発生する温室効果ガス排出量のことです。このサプライチェーン排出量は、物流業界とも関連が深いです。

〔図XII-4〕

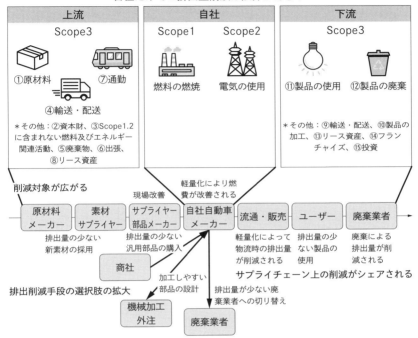

自社だけでの排出量削減は限界がある！

削減対象が広がる

排出量の少ない
新素材の採用

排出量の少ない
汎用部品の購入

軽量化によって
物流時の排出量
が削減される

排出量の少
ない製品の
使用

廃棄による
排出量が削
減される

サプライチェーン上の削減がシェアされる

排出削減手段の選択肢の拡大

加工しやすい
部品の設計

排出量が少ない廃
棄業者への切り替え

　Scope3 は、15 のカテゴリに区分されます。そのうち、カテゴリ 4 は、主にサプライチェーン上流の調達物流領域、カテゴリ 9 は主にサプライチェーン下流の販売物流領域です。この 2 つのカテゴリは、全 15 カテゴリの中でも、排出量が上位のカテゴリで、荷主企業が Scope3 の排出量削減を図る際に必ず検討します。荷主企業にとっての Scope3 カテゴリ 4 とカテゴリ 9 は、物流事業者にとっては自社の事業活動、つまり Scope1〜2 に該当します。

　荷主企業・物流事業者ともに、サプライチェーン排出量削減を目指す一方で、事業競争力強化のためにはコストアップは受け入れがたいのが実情です。つまり、経済性×環境性を両立したグリーン物流を実現しな

いと、投資家や銀行、取引先、消費者などの各種ステークホルダー（利害関係者）から淘汰される時代がきているのです。

そして、この流れは今後、さらに加速すると言われています。TCFDの情報開示義務化の動きは、広がる見込みです。脱炭素先進国でありグローバルモデルとも呼ばれるイギリスでは、2021年に会社法を改正してTCFD開示対象範囲を全ての上場企業及び大企業（非上場含む）にしています。

日本でも、金融庁が2022年3月に2023年度よりサステナビリティについて有価証券報告書に記載欄を新設しました。そのため、今後はスタンダード市場、グロース市場もTCFD開示が求められ、プライム市場の企業には開示レベルへの要求が年々上昇することが予想されます。そして、開示項目も環境分野に留まらず、ISO30414（人的資本に関する情報開示のガイドライン）など人的資本に関する情報開示や、TCFDの生物多様版とも言われる自然関連財務情報開示タスクフォース（TNFD：Taskforce on Nature-related Financial Disclosures）に基づく情報開示など、更なる広がりを見せることは想像に難くありません。

これから世の中は、これまでの"開示のための開示"で、ESGウォッシュ、グリーンウォッシュという実態のない活動でも許容されていた時代から、実際の削減活動とその成果が要求される時代に変わっていきます。そして、その開示対象企業も開示対象項目も増えていきます。

このように環境問題は、プライム市場などの大手企業やグローバル企業だけの問題ではなく、企業規模に関わらず全ての企業がサステナビリティ、特に環境に配慮した事業活動に取り組む時代が来ているのです。

3　これからのグリーン物流

では、環境配慮型物流であるグリーン物流は、どのように推進してい

けばよいのでしょうか。

　温室効果ガス排出量は、活動量×排出原単位にて算定されるため、グリーン物流の推進には、物流活動における活動量、すなわちエネルギーや資源の消費量削減と、排出原単位の見直し・改善が求められます。平たく言えば、グリーン物流とは、効率的な物流活動を環境負荷の少ない方法で行うことです。そして、その推進においては、施策の着手順が重要となります。いくら環境負荷の少ない方法を選択していても無駄な活動をしていては、経済的合理性がありません。まず必要なのは、徹底的なエネルギー消費量や資源量の削減、つまり省エネ・省資源化の活動です。

　省エネを考える際、身近な改善手段に目が行きがちです。例えば、輸配送機能でいえば、トラック１台あたりの軽油使用量の削減となるエコドライブや低燃費タイヤ装着などです。しかし、これらは、改善効果が限定的です。やはり真っ先に考えるべきは、ロジスティクスや物流機能全体からのロス抽出、つまりロジスティクスの見直しとなります。

　あるべきロジスティクスの構築から、荷役・保管・輸配送等物流機能の設計、それを下支えする情報システムやマネジメントなどロジスティクスをトータルで見直すことで、大きなロス削減に着手することができます。

　具体的な改善策として物流部門単独でできることでいえば、〔図XII－5〕にもありますように総走行距離削減に向けた拠点配置の見直しや、車両大型化による輸配送回数削減、積載率向上に向けた物流単位の見直しや多段積みの実施が挙げられます。他部門や取引先との連携により行える策としては、入出庫起因の待ち時間停止によるエコドライブ推進や、リードタイムや時間指定の見直しによるモーダルシフト推進、また受発注ロット等の適正化による積載率の向上も考えられます。

〔図XII-5〕 輸配送機能における CO_2 排出量削減に向けた展開図

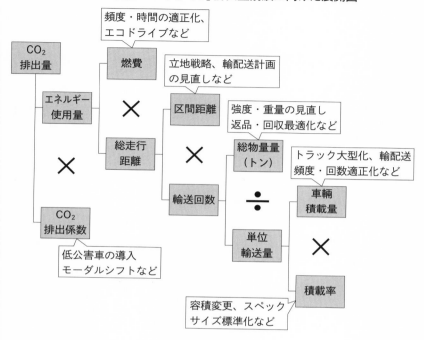

　次に、省資源の観点で考えてみましょう。先述の Scope3 の中にはカテゴリ 5「事業から出る廃棄物」やカテゴリ 12「販売した製品の廃棄」の廃棄に関わるカテゴリがあります。このカテゴリの算定対象は、廃棄物の処理だけではなく、廃棄にかかる物流である廃棄物流も含まれます。この廃棄物流は、静脈物流の 1 つです。

　静脈物流は、大きく 3 つに区分されます。先述の廃棄物流、不要品やリサイクル品、パレット回収などの回収物流、そして消費者からの返品に関する返品物流があります。省資源化に向けては、この廃棄やリサイクルも、今後の物流業界における大きな取り組み課題となります。

　これまで、原材料から生産、消費、廃棄まで直線的（リニア）な、リニアエコノミーが一般的でした。これは、線型経済や直線型経済、一方

通行型経済とも呼ばれます。一方で、資源ロス削減の観点から、昨今注目されているのが、循環型経済と呼ばれるサーキュラーエコノミーです。

　サーキュラーエコノミーは、原材料調達や製品・サービス設計の段階から資源の回収や再利用を前提としており、廃棄物の概念は存在しません。"何度も使う・長く使う・生物学的に分解され自然に戻る"様な素材選び・製品／サービス設計・物流・キャッシュフローの実現により、経済的利益獲得・地球環境再生・生活満足度の向上といった便益の同時創出を目指すということです。

　このサーキュラーエコノミー構築には、新たなビジネスモデルの確立と、それを実現するロジスティクスの再構築が不可欠です。そもそも、原材料調達や製品・サービス設計段階から循環を意識するため、現状のロジスティクスでは対応ができません。省資源も省エネと同様に、ロジスティクスの見直しが必要不可欠なのです。

　ロジスティクスの見直しにより、エネルギー使用量や資源使用量の削減である効率的な物流活動への改革を終えたら、次に考えるべきは、環境負荷の少ない方法への見直し、つまり排出原単位の見直しです。

　排出原単位の見直し手段としては、輸配送機能でいえば、電気自動車（EV：Electric Vehicle）や燃料電池自動車（FCV：Fuel Cell Vehicle）等の低公害車の導入やモーダルシフトなどが挙げられます。荷役・保管機能に関しては、最新冷凍冷蔵設備や空調設備、動力であるコンベアやフォークリフトの刷新が考えられます。

　これらの中でもEVとFCVの本格的な普及には課題があります。EVは、1回の燃料補給で走行できる距離である航続距離が長いとは言えません。そのため、近距離やラストワンマイルと呼ばれる最終区間など小型車両での普及は進んでいますが、大型車両での導入はまだ難しいと言われています。一方、FCVはEVと比較すると航続距離は長いものの車両本体価格が高額であり、またインフラである水素ステーションの整備

が追い付いていないとも言われています。

　しかし、こうした最新技術は日進月歩であり、インフラも政府の方針で大きく変わります。そのため、先端技術の動向を常に追い、経済産業省の資源エネルギー庁等の方針並びに助成金や補助金等の制度を常に把握して、導入を進めていく必要があります。

　とはいえ、安易に革新的な技術の導入に走ってはいけません。例えば、Scope1 の軽油使用量削減のために電気自動車を導入した場合、他社から供給された間接排出である Scope2 の電気使用量増加に繋がります。この場合、Scope1 の軽油削減に向けた電気自動車導入コストと、Scope2 の電力使用量増加分の削減にかかるコストは、どちらの方が長期的に経済的であるかのシミュレーションが必要となります。電力量の削減には、オンサイト PPA、オフサイト PPA、非化石証書やクレジット購入等が考えられますが、そのどれもが安価ではありません。

　また、先述の Scope3 カテゴリ 5 の事業から出る廃棄物は、梱包資材や自社保有車両、マテハン機器の廃棄も含まれます。EV や FCV 並びに充電設備等の設備を安易に導入してしまい、結果として廃棄となった場合、経済的な負のコストだけではなく、大きな環境的な負のコストも発生します。

　これまでも企業にとって、物流コスト・ロジスティクスコストは重要な指標でしたが、これからの時代においては、〔図Ⅻ－6〕にもあるように経済的コストに環境保全コストも加えたトータル物流コスト・トータルロジスティクスコストを考えた上で事業活動を行っていく必要があるのです。

🚚 目指すロジスティクスに応じて変わる最適解

〔図XII-6〕

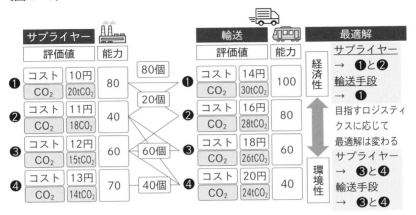

経済性×環境性の両立を目指すグリーン物流推進には、これまで以上に次の2点が重要となります。1つ目は、業界内外を問わず適当な取引先・協業先を選定することです。これまで説明したとおり、省エネや省資源を目指したロジスティクスの見直しは、インフラ整備を始めとして自社だけではリソースが不足することは目に見えています。そのため、新たな価値創出や自社の持続可能な成長を見据えた取引先のスクリーニングと協業先とのコラボレーションが必要となるのです。

2つ目は、常に最新技術に目を向けて導入要否の意思決定が即時にできる体制作りです。技術革新のスピードは目まぐるしく、またそれに伴う助成金や補助金等の制度も刻々と変化していきます。そんな状況下において、適時意思決定するには、想定シナリオを事前に用意してシミュレーションしておく必要があります。そして、そのシナリオに移行するための基準や意思決定者の選定など意思決定の仕組みも合わせて用意することも欠かせません。

最後に、繰り返しにはなりますが、グリーン物流の推進においては、事業活動のベースとなる省エネ・省資源の徹底、つまり現状のロジスティクス・物流活動の見直しによるロス抽出とその改革が優先事項となります。その上で、排出原単位の見直し・改善を行うのです。そして、その実現に向けては、取引先と協業先の適切な選定と、自社の意思決定の仕組み構築が不可欠となります。

XIII 物流マネジメント

1 物流マネジメントの全体像

　消費者ニーズの個別化、多様化が進み、あらゆる材の生鮮化が求められるようになったことで、物流サービス、物流品質、物流コストに対する要求水準は大幅に高まり、物流マネジメントの高度化が求められています。さらには、いわゆる2024年問題といわれるドライバー不足等の期限も迫ってきており、マネジメント整備は喫緊の課題と言えます。

物流マネジメントの目的と対象

　物流マネジメントとは、物流活動を計画、実行、監視、評価し、最適化することを目的とするマネジメントのことです。対象とする物流活動は、原材料や部品の調達から、生産、入出荷、保管、在庫管理、輸配送、返品処理などプロセス別の物流現場管理や現物管理に加えて、物流編成、拠点設計・輸配送設計、物流ネットワーク管理、サプライチェーンマネジメント、経営管理・方針管理等の全体管理が含まれます。

　特に全体管理においては、顧客を起点とし、効率的で信頼性の高い物流プロセスを構築すること、また、最新の技術やデータ分析を活用することで、物流プロセスを継続的に改善することが重要と言えます。

〔図XⅢ-1〕では、現場から経営領域に関するマネジメントの対象とそれらに対するポイントを示しています。

〔図XⅢ-1〕 物流マネジメントの対象

現物管理	現物がどこに、どんな状態で、どれだけあるかを管理する。
物流現場管理	物流現場が円滑（ノー・トラブル）かつ、低コストで運営できるよう管理する。
物流編成	物流実行部門の編成を管理する。（内外編成、契約、コミュニケーション）
拠点設計、輸配送設計	拠点内部機能、輸配送ルートを管理する。
物流ネットワーク管理	輸配送モデル、物流拠点配置・機能を管理する。
サプライチェーンマネジメント	何を、どこで生産し、どの市場に供給するかまた、どのように供給するかを管理する。
経営管理・方針管理	物流予算や事業計画を実現するための、損益管理、方針展開・施策展開、KPI管理をする。

物流マネジメント業務の流れ（マネジメントサイクル）

マネジメントサイクルとは、Vision にはじまる事業目的を実現させるべく、全業務のPDCAサイクルを確実に機能させることをいい、事業推進における原動力（エンジン）と言えます。

202

〔図XⅢ－2〕では、Vision から展開する場合のステップを表しています。このステップでは、常に目的・目標を意識しつつ、実行するためのポイントが示されています。

〔図XⅢ－2〕　マネジメントサイクル

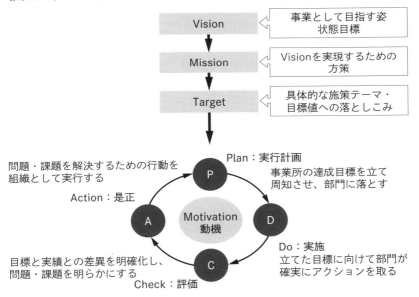

　物流においては、物流事業者や物流部門が、自社の事業戦略に基づき物流方針管理・目標管理をする際に活用します。活用のポイントとしては、以下の3点が挙げられます。

(1) 戦略目標設定（方針展開）

　ビジョンや目標を整理し、達成すべき目標を2つに分類します。

業績目標：損益目標：荷主別、得意先別、製品別損益目標など

状態目標：ありたい姿、改善後の姿を描き、共有する（企業競争力の源泉
　　　　　であるコアコンピタンス〈真似できない強み〉を作り上げる目
　　　　　標）

(2) 目標展開／施策展開

　設定した目標を具体的な行動目標が見えるまでブレークダウンします。各目標には最終的な成果目標と進捗を把握する管理指標を設定します。目標毎に適切な施策を選定し、担当を決めます。

(3) 実行体制構築、施策実施、成果管理

　活動を着実におこなうための組織化を行い、また施策の成果が確実にモニタリングできるように仕組みをつくり、管理を行います。これらの結果を管理者が迅速にチェックし、アクションの指示を行います。また、重要なポイントとして、成行き業績予測が挙げられます。事業環境変化に基づき、プラス要因、マイナス要因を洗い出し、成行き（現在の延長線上で到達する状態）を算出します。

　〔図XⅢ－3〕では、事業環境変化や経営方針の変化の影響を成行きとして業績予測する際の要素（プラス要因、マイナス要因、期間差）を示しています。期間差とは、前期期中に発生した±変化要因（例えば、効率化によるコストダウンなど）により、成行きで今期に影響を及ぼす現象のことをいいます。それらは、期中に発生した変化であるため、前期と比べて、今期の影響度が大きくなりますが、発生時期により影響度が異なるため、正確な発生時期の確認が重要となります。

〔図XIII-3〕　物流方針管理における成行き業績予測のポイント

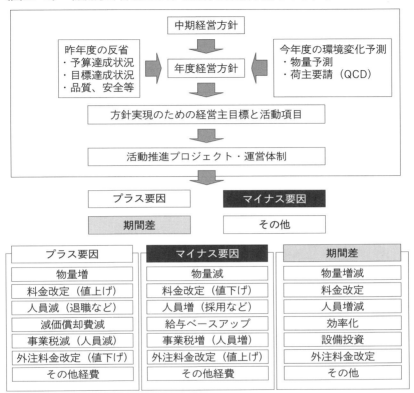

物流マネジメントの基本姿勢

　物流マネジメントは、製品の供給から顧客サービスまでの全体像を見ることができるため、サプライチェーンの効率を最大化し、企業の競争力を高めるために重要な機能です。そのために物流マネジメントの基本姿勢としては、以下の2点に気を付けて取り組むことが大切です。

（1）現状、前提と思われていること、または、従来から行われている業務の背景要因を常に見直し、現場の制約条件を取り払う努力をする

こと

① 現在行っている業務やその方法を"当たり前"と思わず、常に何故を問う。モーションマインド〈効率的な方法を追求しようとする基本姿勢〉を持って現場の実態にこだわる。

② 制約条件を撤廃した場合、何がどれだけ（コスト面、納期面等で）良くなるのかを具体的に顧客や関係部門に提示できるよう、日頃から定量化技術を蓄積する。

(2) 顧客視点に立って物流プロセスや現場の業務実態を見直し、徹底して効率化すべき対象と顧客満足を追及する対象を明確に分けること

① 顧客に直接関係ない業務や作業は効率化を追求する。究極は"なくすこと"。

例：社内調整業務、社内横持輸送など

② 顧客接点の業務は、サービスの在り方、基準を明確にした上で、サービスレベルの向上と顧客満足（CS）を追求する。

物流マネジメント組織体制

物流マネジメントを効果的に実行するためには、その目的、環境に応じて適切な組織体制を持つ必要があります。組織体制としては、営業部門や工場に配置される物流担当者のレベルから、各部門管轄での物流センター型、物流専属部門管轄での独立組織としての物流センター型、物流戦略組織としての物流事業部型、そして会社として独立した物流子会社など挙げられます。これらはまた、物流組織の成熟過程として捉えることもできます。以下に、物流マネジメント組織の形態と役割、特徴を示します。

〔図XIII-4〕　物流マネジメント組織体制の種類と特徴

組織形態	権限、役割パターン	特徴
物流子会社	物流子会社の3PL化、共同化（合弁、合併）や物流子会社の自立化・自律化	• 自社（親会社）の物量、物流ノウハウを背景に、外販（他社の物流を開拓）。 • 経営戦略機能、経営管理機能、現場管理機能等を保有し、それぞれに連携・高度化。
物流戦略組織	スタッフ部門とライン部門の分離や物流事業部化	• ロジスティクス推進室、物流企画推進室、ロジスティックス戦略部等の名称で、ロジスティクス戦略企画の専任部門を設置。 • 単に、コスト管理だけでなくロジスティクス的な発想で物流を企画するスタッフ機能を強化。
物流専属部門	物流部設置や物流部統括センター長	• センター及びその他の物流機能拠点・担当者を束ねるコストセンター型の物流部が設置される。全体のコスト管理を管掌する。
センター型	営業統括、製造部統括のセンター長	• 営業部統括の物流センター、製造部統括の物流センターが設置される。 • センターが1つの部門となる。ライン業務中心。
埋没型	営業部門、工場部門の物流担当者	• 各営業所、工場（生産管理、製造、購買）等にそれぞれ物流担当者が存在。 • 自ら物流現業に従事する段階から、外注事業者を管理する段階まであり。

2　働き方改革の視点

　物流業界・物流事業者を取り巻く環境変化のうち、ここ数年で最大のものは何と言っても2024年問題と呼ばれる法改正でしょう。本書刊行時には、既に多くの企業が何らかの対策を迫られていることと思います。

　2024年問題とは、正式には「働き方改革関連法の施行」によるもので、2024年4月1日以降、自動車運転業務の年間時間外労働時間の上限が960時間に制限されることを指します。〔図XIII-5〕にその概要を

示します。

〔図XIII-5〕 労働関係法令の主な改正点について

法令改正			施行日		罰　則
			大企業	中小企業	
労働基準法	時間外労働の上限規制	【一般則】年720時間の適用（36条）	2019年4月1日（平成31年）	2020年4月1日（令和2年）	6か月以下の懲役または30万円以下の罰金
		【自動車運転業務】年960時間の適用（36条）	2024年4月1日（令和6年）		
	月60時間超の時間外割増賃金率の引上（25%→50%）の中小企業への適用（37条、138条関係）		※2010年4月1日（平成22年）から適用済	2023年4月1日（令和5年）	
	年5日の年次有給休暇の取得義務付け（39条）		2019年4月1日（平成31年）		30万円以下の罰金
労働時間の適正把握義務付け（労働安全衛生法66条の8の3）			2019年4月1日（平成31年）		
産業医・産業保健機能の強化（労働安全衛生法13条等）			2019年4月1日（平成31年）		
勤務間インターバル制度の導入促進（労働時間等設定改善法2条）			2019年4月1日（平成31年）		
同一労働・同一賃金	パートタイム労働法・労働契約法		2020年4月1日（令和2年）	2021年4月1日（令和3年）	
	労働者派遣法		2020年4月1日（令和2年）		

（注）貨物自動車運送事業の「中小企業」の規模は、資本金の額若しくは出資の総額3億円以下または常時使用する労働者数300人以下

（出典）http://www.ata.or.jp/tekisei/roumukannkei.pdf

　時間外労働上限の960時間は月換算では80時間で、これは実は過労死等防止対策推進法が定める「過労死の水準」ギリギリのところです。もともと働き方関連改革法は2019年に施行されたのですが、運送業な

どは「業務の特性上短期間での是正が難しい」とされ、2024年まで施行が見送られてきたのです。結局のところ、法の施行後も実は過労死ギリギリラインが許容されているところに、この業界の「闇」が見て取れると思います（医療や介護業界はもっと大変だと思いますが…）。

　筆者は、2024年「問題」という一般的な言い方そのものに違和感を覚えます。今まで過労死して当然のレベルを長年運輸物流業界は甘受してきたわけで、この法律は本来であれば労働者を守り雇用の安定化に繋がるべきもののはずです。ですが、当の運送事業者でさえもが「収入が減る」「稼ぎが減る」と問題視しています。

　こういった状況は一朝一夕には変わらないと思いますが、少なくとも運送事業者が人並みの労働時間従事でも回るような世の中を作っていかないといけないと考えます。そのために荷主・事業者双方がそれぞれに取り組むべきことを述べましょう。

🚚 荷主の視点：当たり前となっている条件の見直し

　〔図XIII-6〕の一覧をご覧ください。読者の皆さんが実際に行っている取引の中で、該当する項目はいくつくらいあるでしょうか？

〔図XⅢ－6〕　過剰かもしれない物流サービス

1. 受注～出荷リードタイム・納品頻度
   - 定時終了１時間以内の受注～作業指示（時間外に直結）
   - 当日受信当日出荷
   - 受注～出荷まで数時間以内の作業
   - 少量での毎日納品
2. 納品時の付帯サービス
   - 納品先での先入れ先出し業務
   - バラ積みバラ降ろし、バラ納品業務
   - 夜間・早朝・深夜納品
   - 再配達
3. その他
   - 納品先での長時間待機
   - 異常に厳しい品質要求（ミスクレームゼロ等）
   - 事故発生時の過剰な報告・再発防止要求

　物流事業者というのは長らく日陰の存在でした。正しく業務をやって当たり前・顧客要求事項には無条件で従う・過当競争の中で値下げ要求を受け入れざるを得ない。これらが「常識」とされてきました。

　ですが、もはやそのような時代ではありません。2024年問題は、国が法律で「物流事業者の労働環境を守る」という姿勢を見せた結果であると言えます。これまでのような荷主至上・顧客要求至上という姿勢を崩さない場合、荷主や顧客が物流事業者から切られるという時代がやってきています。

　まずは納品時間指定の見直しです。慣習や惰性で行われているものはもちろん見直しの対象ですし、受注～出荷まで半日程度しか猶予のない時間指定はそもそも厳しすぎる可能性が高いです。

　納品時の付帯サービスにおいては、2017年11月に標準貨物自動車運送約款が改定され、運賃（運送そのものの対価）と料金（積込積卸・付帯作業・荷待ち）を分けることが明記されました。これにより、付帯作業は運賃に入っている＝実質無償提供という従来の慣行も見直しが必

要となってきています。ただし、これらを厳密に契約に反映しているケースはまだまだ少なく、今後改善が必要となるポイントです。

　品質水準の設定の仕方については⊗の②でも触れましたが、ゼロクレームを要求したり過剰に報告や是正を求めたりするのは全くの逆効果です。物流品質に問題がある場合、その原因の１つに「過度にシビアな納品条件」が隠れていることは決して珍しくありません。短いリードタイムで多くの確認や検品作業を強いられていないか、など、納品条件に踏み込んだ検討が今後は必須となります。

🚚 物流事業者の視点：多様な働き方の提供

　働き方改革＝時短ではありません。本来の働き方改革の目的は、ワークライフバランスを確保しつつ「働きがいを高める」ことにあります。つまりは、仕事においてやりたいことがどれだけ実現できるか、がポイントです。

　2024年問題において難しいのは、運輸物流業界で働く人のうち少なくない割合が「もっと稼ぎたい」と思っていることです。体はキツいけど生活のために稼ぎたい、そのためには残業や長時間労働もやむを得ないという人はたくさんいます。法改正により残業上限が定められることに当の物流事業者にも反発の声がある背景には、このようなことも関係しています。

　長時間働く、あるいは単純な繰り返し作業を延々と続けるという仕事においても、それを厭わない人は一定数います。こういった人にも配慮しつつ、一方で違う種類の業務（マネジメントや配車など複雑性を伴う業務）へのインセンティブ（評価・報酬）も誘導しながら、できるだけ多様な働き方を提供し、従業員満足度を高めることが最重要事項となりつつあります。

　〔図XIII－7〕で、多様な働き方の視点例を挙げておきます。物流業にと

どまらず、多くの業種で適用できる考え方だと思います。

〔図XIII-7〕

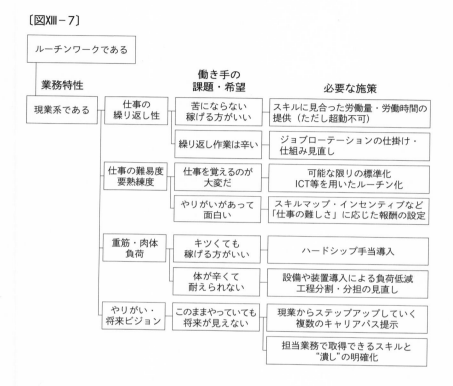

なお、上図の最下段にある「やりがい・将来ビジョン」をどう浸透させるかは、多くの物流事業者にとって重要な課題なので、次項で詳しく取り上げたいと思います。

3 やる気を引き出す人事制度

物流事業者の支援を行っていてしばしば感じるのは、他の業種では当たり前のものとして取り入れられている人事制度が不十分である事が多い（機能していない、最悪存在しない）という課題です。中小の物流事

業者では人事部がなく総務などが兼務していることが多い、職能資格制度があっても機能していない、歩合給が実際の職務難易度や負荷と釣り合っていない、管理職が忙しすぎてマネジメント業務を行っていない、など、問題はかなり多岐にわたります。

その中でも筆者が特に問題だと思う点を3点挙げておきましょう。

① マネジメント職へのなり手がいない

② 企業に将来性を感じない

③ やる気を引き出す仕掛けが機能していない

まず①です。管理職・マネジメント職はもちろん上級職ですし、給与も社内地位も高くなります。ですがなり手がなかなかおらず、実際の管理職の方を見てもマネジメント業務を充分に遂行しているとは言いがたいケースが多々あります。

理由は様々ですが、物流事業者、特にドライバーの方は「職人気質」の方が多いというのが1つです。ドライバー職をやりたい、倉庫内業務でもフォークリフトに乗って仕事がしたい、配車を極めたい、など、スペシャリスト指向が強い人が結構多いのです。

一方、物流事業者のマネージャーとして一番多いキャリアパスは、倉庫拠点の管理者・センター長のような立場です。センター長は業務全体の全体の生産性・品質・収支等を幅広く見て、目標水準を維持改善しなければならない重要な職務ですが、ドライバーや倉庫業務を職人的に行ってきた方からすると全く違う業務で、責任の所在も幅広くなるため、どうしても尻込みしてしまうケースが後を絶ちません。

いざ管理職になっても管理＝マネジメントに関する教育や指導を受けていないため、何をして良いか分からずそのまま実務に入ってしまっているケースも非常に多いです。これが「プレイングマネージャー」の多くの実態で、結局プレイング＝実務の部分を継続してしまいマネジメン

ト業務ができなくなります。

　いずれにしても、マネジメント職としての専門的な教育育成、さらには外部雇用も検討すると同時に、スペシャリストでも昇格昇進できる「複線型人事」が特に物流事業者においては求められていると思います。職種別の人事評価の視点を〔図XIII－8〕にまとめました。

〔図XIII－8〕

	最低限必要なもの	あると望ましいもの
直接業務 （輸配送・荷役・保管）	・安全面の評価 ・業務品質評価 （ミス・クレーム） ・業務生産性評価 ・業務内容満足度評価	・業務熟練度評価 ・後進の指導・育成などに関する評価 ・改善提案などの貢献度評価 ・職場モチベーション・活性度向上評価
間接業務 （受発注などの事務）	・業務品質評価 ・業務生産性評価 ・業務内容満足度評価	・業務熟練度評価 ・後進の指導・育成などに関する評価 ・改善提案・標準化促進などの貢献度評価 ・職場モチベーション・活性度向上評価
マネジメント職	・業績目標達成度評価 ・部門人員の指導・育成などに関する評価 ・業務内容満足度評価	・業務に関するKPI向上・達成度評価 ・職場モチベーションや活性度向上評価

　②は①とも関連するところが多いのですが、要するに昇進昇格の行き着く先が働く人にとってあまり魅力のないマネジメント職だと、働く側のやる気が阻害されてしまうということです。

　大手物流企業の系列会社や物流子会社では、さらに深刻な問題があります。社長・取締役を中心とした経営幹部層が親会社・幹事会社から派遣される形態となっており、その会社に就職したいわゆるプロパーの方々は、トップへの昇格の道が閉ざされていることがかなりしばしば見られます。

こういった運用は弊害の方が大きいので、長期的には是正を求めたいところですが、むしろ一番大事なのは企業としてのビジョンを明確に示すことです。日本企業におけるビジョンは社是・基本理念などと呼ばれますが、やたら長かったり、抽象的だったりして、良いと思えるものがあまりありません。

　ビジョンは「1行で言えるもの」が理想だと筆者は考えています。長ったらしいビジョンはいくら朝礼で皆が唱和しても、従業員1人1人の腹落ちにまでは至りません。離職率の高さなどに悩んでいる企業は、一度徹底的に自社のビジョンや目指す姿を見直し、それがどこまで従業員に浸透しているかを確認してみてはいかがでしょうか。

　参考までに、山九株式会社のビジョンを掲載します。直感的で大変分かり易い例です〔図XIII−9〕。

〔図XIII−9〕

　③はいわゆるインセンティブ（報酬）の問題です。業績向上や改善貢献などに応じて業績給などに反映させるのが理想ですが、インセンティブの原資がないなどの理由で充分に行えていない企業は多いです。

　最大の問題は、インセンティブの基となる指標が働き手の努力と見合わないケースです。典型的な例として、ドライバー職の歩合給がありま

す。ドライバーごとにいくら稼いだか・どのくらいの荷物を運んだか、に応じて歩合を決めるという方法はしばしば見られますが、問題は「ドライバーが自ら運ぶ荷物量を決められることはほとんどない」という点です。車がどの荷物をいくつ運ぶかを決めるのは多くの場合配車担当者であり、ドライバーの裁量余地は極めて限られています。

　ある運送事業者では、歩合給実施の結果荷物量が多くて運用が簡単な幹線輸送に希望が集中し、地場配送・小口配送を担当するドライバーの多くが離職してしまうという事態を招きました。地場配送などは手間がかかる割に1車辺りの売上が幹線輸送に比べ少ないため、どうしてもこのようなことが起こってしまうのです。

　〔図XIII-8〕にも記載しましたが、ドライバーが自分で完全にコントロールできるのは安全運行と納品品質のみです。この2つに絞ってインセンティブを設定し、さらには改善提案（客先納品や運行ルート・省エネ運行など何でもOK）に対して報償などを出すという方法にすると、ドライバーのパフォーマンスが大きく変わってくることでしょう。

　繰り返しますが、インセンティブは実際に担当者がコントロールできる・変えられることを指標にしないと機能しませんし、むしろやる気を殺いでしまうこともあります。制度設計には充分気をつけましょう。

　以上の視点＋αで、人を育てる企業となるためのポイントを〔図XIII-10〕にまとめました。

〔図XIII-10〕

企業の「ビジョン」を示す	・通り一辺倒ではなく「血の通った」理念の打ち出し。 ・経営者の思いを赤裸々に伝える。 ・万人受けを狙うのではなく、数は少なくても響いた人が来てくれるビジョンに磨き上げる。
「お客様要求は絶対」という考えを捨てる	・荷主企業…当たり前と思っていたサービス水準をもう一度評価し、割に合わないサービスは捨てる勇気も必要。 ・受託企業…顧客のムリに応えることが仕事ではない。自らの価値を見直し、できないことはできないと言う。
働きに報いる	・人件費は「コスト」ではなく「資産」。望ましい人材にはそれに見合った給与を支払う。 ・働きに報いるための評価尺度…目標・成果達成度だけでなく、業務熟練度や提案・組織活性化など幅広いアイディアで評価を行う。 評価のための評価にしない(何かの報償と連動)。
個人のスタイルに合った働き方を実現する	・働き方=時短ではない。個人のライフスタイルを尊重することこそが、働き方改革の基礎。 ・仕事をしたい人・したくない人それぞれに解答を用意する。「選べる」ことが最も重要。

XIV 物流の未来

1 物流の未来をどう考えるのか

🚚 物流業界におけるこれまでの発展

　これまで物流業界では、様々な技術革新が行われてきました。1970年代から1980年代にかけては、バーコード技術の導入が物流業界に革新をもたらしました。バーコードを商品やパッケージに取り付け、自動化されたスキャンシステムによって迅速かつ正確な商品管理や在庫管理が可能になりました。バーコードに続いて、様々な自動認識技術も導入されました。例えば、RFID技術は、無線通信を利用して商品やパッケージを識別、追跡することができます。さらに、GPS技術の発展により、位置情報の精度が向上しました。物流業界では、トラックやコンテナなどの輸送手段にGPSを搭載することで、効率的な輸送計画や配送ルートの最適化が行われるようになりました。

　そして、近年では、インターネットの普及に伴い、物流業界でもデジタル化やクラウド活用が進んでいます。WMS（倉庫管理システム）、TMS（運送管理システム）、貨物追跡システムなどをクラウド上で運用し、効率的な情報管理を実現しています。

　〔図XIV−1〕では、ここ数十年の技術の進化を4つのステージに分けて示したものです。近年のインターネットを基盤としたネットワーク技術

や自動化等は、第4世代として位置づけられています。

〔図XIV－1〕　物流業界における技術革新の変遷

Logistics1.0（20世紀～）

輸送の機械化

トラックや鉄道による陸上輸送の高速化・大容量化
汽船/機船の普及による海上輸送の拡大

Logistics2.0（1960年代～）

荷役の機械化

自動倉庫・自動仕分け等の実用化
海上輸送のコンテナ化による海陸一貫輸送の実現

Logistics3.0（1980年代～）

物流管理の
システム化

WMS・TMSによる物流管理のシステム化
RFIDやGPSの活用によるリアルタイム位置把握

Logistics4.0

IoTの進化による
省人化・標準化

倉庫ロボットや自動運転などの普及による省人化
サプライチェーン全体で物流が繋がることでの標準化

現在直面している物流課題

　物流業界では、技術の進歩と消費者のニーズに応じて、ますます自動化され、効率化されていくことが期待されていますが、このような未来が期待できる一方で、現在直面している課題も多く抱えています。

（1）圧倒的な人手不足

　物流業界において、人材不足は重要な課題となっています。高齢化や労働力の減少、法規制等に伴い、大きな影響を及ぼす恐れがあります。人材不足により、物流企業は十分なドライバーや作業員を確保できなくなり、その結果、運送能力が低下し、荷物の滞留、遅延が生じます。また、採用競争が激化し、コストが増加する可能性があります。

（2）サステナブル物流・環境対策

　持続可能性、いわゆるサステナビリティは、物流業界において非常に重要な要素です。物流の未来を考える際に、持続可能性の観点から以下のような変化や取り組みが考えられます。

① 　環境への配慮

　物流業界は、トラックや船舶などの輸送手段を多く使用しています。より環境に優しい輸送手段の導入や、排出削減技術の開発が求められます。電気自動車や水素自動車の普及、再生可能エネルギーを利用した輸送手段の増加など、持続可能な物流の実現が求められます。

② 　モーダルシフトの促進

　持続可能性を考慮すると、トラックから鉄道や海上輸送へのモーダルシフトを、物流ネットワークの最適化も踏まえて改善することにより、効率的で環境に配慮した輸送ルートが確立されます。

③ 　最適化されたサプライチェーン設計

　持続可能な物流を実現するためには、供給チェーン全体の最適化が重要です。需要予測精度の向上や在庫管理の最適化により、物流プロセスの効率が高められます。また、サプライチェーン透明性の向上によって、生産地から消費地までの原材料、部品、完成品等の移動経路や取引条件が明確になり、サプライチェーンの持続可能性が向上します。

（3）ネット通販増加による物量の急増対応

　新型コロナウイルス感染症の影響やネット通販の急増により、小口配送、いわゆるラストワンマイルでの問題が生じています。特に都市部では交通渋滞や違法駐車、また、再配達による効率低下、配送トラブルなどが多発しています。大手物流会社や流通会社を中心に都市型、郊外型の大規模物流センターも次々と開発されています。また、従来の宅配業者に加えて、Uber 等新業態の参入、共同配送・共同物流化も進んでいるとはいえ、ラストワンマイルは最も改革が必要な領域と言えます。今

後は、AIを活用した配送ルートの最適化や持続可能な配送（誰でもできる仕事への転換）の採用により、効率化や都市環境の改善に貢献することができます。

〔図XIV-2〕　現在直面している物流課題とその対策

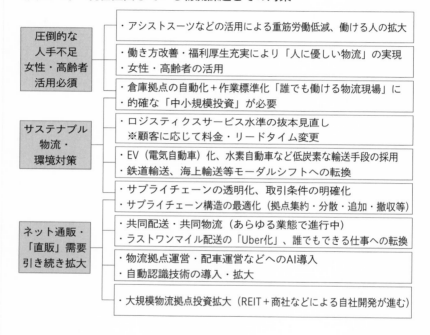

🚚 **更なる技術革新を取り入れた物流の明るい未来に向けて**

これからの物流の未来を想像すると、物流センターでは、自動化やロボット化がますます進み、人の労働力に頼らず、自律的なロボットがピッキングや仕分け、梱包、積込みなどを効率的に行っていることでしょう。また運送面でも、自動運転やドローンの活用が一般的になり、24時間体制での効率的な配送が可能になっていることでしょう。自動化技術やロボット工学の進歩により、物流業界では効率性が飛躍的に向

上します。

　また、様々な物流デバイスやセンサーがインターネットに接続され、随時データを収集し分析することが当たり前となっています。このデータの活用により、在庫管理や需要予測などが正確かつ迅速に行われ、効率的な物流が実現されます。

　これらの課題に対応するために、物流業界は以下のような取り組みが重要と言えます。

（1）物流情報システムの再構築

　既存の物流情報システムのみでは、課題に対応しきれないケースもでてきます。最新の物流設備やロボット、また、自動運転やドローン等を制御、コントロールするためのシステムなどの整備も必要となります。既存システムからの移行も考慮したマスタープランの作成も必要です。

（2）改革人材の育成とスキルアップ教育

　技術革新を推進するためには、それらを理解し、活用できる人材が必要です。また、技術革新には、法的な規制が存在する場合があります。例えば、自動運転やドローンの使用には、交通法規や航空法遵守が求められます。

　社内人材のスキルアップや専門教育の強化、技術革新に対応できる人材育成をするのみではなく、外部人材の登用や外部パートナー企業との連携も必要と言えます。

2　テクノロジーの発展と関連付け

　物流の人手不足が社会問題化したのはおおよそ 2015 年以降のことです。その後の需要増加と供給減少に伴い、物流リソースは逼迫の一途を辿っています。

　すでに 17 ページで触れたとおりですが、物流業というのは、2000 年

代前半くらいまでは産業界においてステータスの低い存在でした。物流機能は常にコストとして捉えられ、荷主は物流事業者にコストダウンのみを求めてきました。一方の物流事業者は過当競争の中、荷主の意向に応えようとして無理な対応を繰り返してきました。その結果、働く人が疲弊して離れていきました。

　一方でネット通販を中心とした物流への需要は増加の一途にあります。

　前項でも述べたとおり、これらの状況を打破すべく様々な技術が立ち上がり、物流の人手不足を補おうとしています。中心となる技術は以下の３つです。

　①　輸送の効率化、特に自動運転とドローン

　②　AI を中心とした業務サポート

　③　倉庫における人の作業サポート

　①の自動運転に関しては聞いたことがある方も多いでしょう。日本では 2023 年 4 月 1 日に改正道路交通法が施行され、自動運転レベル 4 の公道走行が解禁されました。自動運転のレベルについては〔図XIV－3〕にありますが「特定条件下においてシステムが全ての運転タスクを実施する」という水準です。即ち、車輌の始動から停止（緊急停止を含む）までを全てシステムがカバーすることが可能となります。

　レベル 4 の技術水準で可能となることは「運転免許を持たない人が車輌に乗れる」です。運送業においては運転は全てレベル 4 により自動化され、積込積卸を担当する人材が乗っていれば良いという水準となります。積込積卸先の作業を受入側で行うとすれば、人の搭乗も不要です。将来的には積込積卸も自動化・一貫化されることが望ましいと考えられます。

〔図XIV-3〕

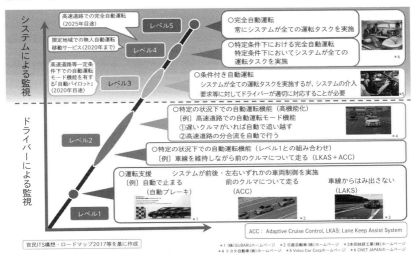

（出典）国土交通省「自動運転の実現に向けた取り組み」

　一方でドローンの発達もめざましいです。日本でドローンを自由に飛ばすためには様々な法規制があり、どこでも飛べるようになるには相当時間がかかりますし、何トンもある荷物を運べるようなドローンも現時点では開発途上です。そのため、ドローンの活用先は当面都市部ではなく過疎地、特に離島などの需要が中心となるでしょう。既に実証実験レベルでは国をはじめ多くの企業が取り組んでいます。長崎県五島市で国土交通省が取り組んでいる実証実験の例を〔図XIV-5〕に示します。

〔図XIV－5〕

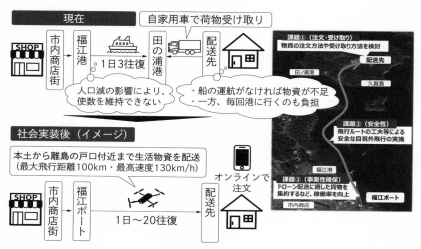

（出典）国土交通省・最近の物流政策について

　②に関して、特に運送業においては配車業務の効率化などが挙げられます。既に配車の分野においてはTMS（配送管理システム）が一般化しており、活用している企業も多いです。

　ただし、TMSが行う配車が熟練の配車マンの水準に追いつくことは希です。その理由は明確で、配車マンと同じ水準の配車をソフトウェアに担当させようとすると、配車マンの暗黙知（例えばAという納品先はBという納品先の前に納品することを望む）を全てインプットしなければならないからです。この作業は膨大かつ面倒で人の記憶にも限界があるため、どうしてもソフトウェアの精度は人のアウトプットに劣ります。

　ですが、昨今台頭してきている学習型AIであれば、過去の配車実績を全て参照した上で最適解を導くことが可能となるでしょう。人は配車の結果を軽くチェックするだけで良くなり、標準化が進みます。

③は主に倉庫自動化要件です。既に大規模物流センターにおいてはかなりの自動化が進んでいます。2021年頃から主流となっているのはGTP（Goods to person、人は動かずモノが動いてくる）と呼ばれる機器で、物流センター勤務経験がほとんどないパート・アルバイトの方でも雇用できるような仕組みが構築されています。

　そうは言っても自動倉庫や大型設備は何億もかかる投資であり、そんな余裕はない中小企業の方も多いでしょう。そのような企業のためにも最近はより小規模な投資で導入可能なロボットなどのソリューションが増えています。例えばピッキングロケーションまで自動的にやってきて、人がピッキングしたモノを渡せば次のロケーションに移動するロボットや、人に追尾できるので複数台のカゴ台車を同時に移動させられるAGV（自動搬送機）などです。あるいはICタグを使った検品や自動梱包なども、技術革新がどんどん進んでいます。

　筆者が注目しているのはアシストスーツです。重いものを楽に運ぶことができるツールで、介護や農業などの現場では導入がそれなりに進んでいますが、残念ながら物流現場ではあまり主流になっていません。完全自動化・機械化のセンターを活用できる企業は限られるわけで、通常のセンターでの重筋労働、さらには配送・納品現場での重筋労働負荷削減のためのツールとして、より使いやすいアシストスーツの展開を期待したいところです。もちろんパレット納品・カゴ車納品などの徹底（一貫パレチゼーション）によるバラ納品・小口納品削減が進むことが大前提となります。

　テクノロジー活用の例として、倉庫現場で上記を含め活用が拡大しているソリューションの例を〔図XIV-6〕に挙げておきます。

〔図XIV-6〕

庫内作業の省力化・最適化	完全自動化倉庫の実現

物流DX **ホワイト物流**

庫内作業の省力化
- アシストスーツ
- 自動搬送
- 自動倉庫型ピッキング

物流DX

庫内作業の自動化
- ハンドリングロボット
- ドローン＋RFID

物流DX **ホワイト物流**

AI活用による庫内作業の最適化
- ピッキング効率化
  （ピッキング順・ルート指示等）
- ピッキング編成最適化
  （引当・バッチ編成・
  要員配置等）

物流DX

自動化設備の制御・管理
- AIによるロボットティーチング
- 複数ロボット・マテハン機器の
  管理システム

3 新たな物流を描くには

　これまで見てきたように、物流・ロジスティクスはこの数十年間で大きな変化を遂げてきました。

　1980年代以前は、物流は「第3の利潤源」と呼ばれていました。それまで高度成長期を経てきた日本で、様々な成長を遂げた製造業や販売業に比べ、物流業は管理が遅れており何もできていない、今から手を突っ込めば大きな利益やコストダウンを見込めるという意味です。17ページでも「物流という機能は社会的ステータスが低かった」と説明しましたが、どれだけ物流が見下されていたか、を如実に表した表現だと思います。

　その後ロジスティクスという概念が広まり、さらにはサプライチェーン・マネジメントが登場し、物流の役割や意味合いは大きく変わりました。

21世紀以降の物流の展開を見た時、やはりインターネットの普及が1つの分水嶺だったと考えて良いと思います。全世界で瞬時に大量の情報共有ができるという、これまでにはなかったインフラの登場により、情報伝達のスピードが劇的に上がった結果、物流は単なる運搬の手段ではなく「戦略」の意味合いを持つようになりました。

　2020年代に入ってから、国内外における変化はより急速になってきています。今後10年後どころか、5年先を見通すのも難しい状況です。そのような中、物流の未来としてはどのような要素があるでしょうか。筆者は以下の3つがキーワードになると考えています。

　①　全ての人が「運び手」になる

　②　自動化技術は当たり前になる

　③　サステナビリティへの配慮は長期間続く

　①の最も顕著な例としてUber Eatsのような配達サービスの台頭が挙げられます。もちろんこれまでも出前やピザの宅配のように、アルバイトや小売店の店員が配達を行うケースはありましたが、不特定多数の飲食店インフラとして行われるサービスが一般的になったのはここ数年のことと思われます。コロナ禍も明らかに影響しているでしょう。

　物流事業者の慢性的な人手不足・少子高齢化による働き手減少・燃料高騰・さらには2024年問題と、物流の人件費コストには上昇要因しかありません。となると解決策は「物流事業者以外の人が物流を担う」「消費者が物流を自ら担う」という方向に行かざるを得ないと思います。

　新しい試みとして、Amazonは2022年12月に「Amazon Hubデリバリーパートナープログラム」を発表しました。地域の中小企業にAmazonの商品の配達を委託し、報酬を支払うという仕組みです。中小企業に対する経営支援としての意味合いもありますし、当然配送員不足対応としても理に適っています。Amazonは2019年頃から配送員の自前化（物流事業者に委託しない）を進めていますが、こういった動きは

他の企業にもどんどん広まっていくでしょう。

　②の自動化進展はすでに述べているとおり、待ったなしの課題であり実際にいろいろなことが進展しています。

　インフラ業務と自動化というのは基本的にあまり相性が良くありません。土木建設業や電力業の業務が自動化されることは基本的にほぼあり得ないと思います。トラック輸送なども基本的にはこの範疇ですが、倉庫の自動化や自動運転など関連する技術はいろいろと発展しており、期待が持てる分野ではあります。

　自動化にあたっては、都市部集中と過疎化への対応に二極化すると考えられます。倉庫業で自動化投資をしようとするとどうしても多くの荷物を取り扱わないと投資対効果を得られないですし、長距離輸送の自動化も基本的には高速道路が使える大都市・地方都市間が中心となるでしょう。

　過疎地への対応で最も注目されているのは、225ページで説明したドローンですが、それ以外にも小型の配送巡回車の自動化などが今後進んでいくものと思われます。また、配送手段だけでなく購買行動を行うためのインターフェースも徐々に変化していくでしょう。以上を〔図XIV－7〕にまとめました。

〔図XIV－7〕

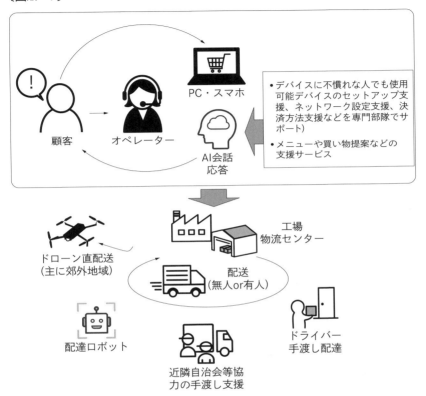

デバイスに不慣れな人でも使用可能デバイスのセットアップ支援、ネットワーク設定支援、決済方法支援などを専門部隊でサポート)

メニューや買い物提案などの支援サービス

PC・スマホ
顧客
オペレーター
AI会話応答

ドローン直配送
（主に郊外地域）

工場
物流センター

配送
(無人or有人)

配達ロボット

近隣自治会等協力の手渡し支援

ドライバー
手渡し配達

③について、ESG・SDGsなどのサステナビリティ関連活動については⑿でも触れています。サステナビリティを前提とした経営や事業運営は世界的な大きな流れであり、基本的には各企業における関与が少なくなることはないでしょう。

ただし、世の中には常に不確定要素があります。2022年2月に始まったロシアのウクライナ侵攻により、全世界的にエネルギーコストや食料コストが高騰し、その結果を受けてEV車への全面切替といった欧米諸国のこれまでのコミットメントは、修正を余儀なくされています。

XIV　物流の未来

特に物流に関連する領域において、サステナビリティといえばCO_2削減あるいは EV 車の導入というように、短絡的に捉えられがちな側面がありますが、「持続的成長」のためにできることは実に多岐に渡ります。SDGs においては多彩な目標やゴールが定められており、その中から自社や自部門ができることを適切に選択することが求められます。

　サステナビリティという観点からすると、輸送や倉庫などの物流機能はどうしても削減の対象となりがちですが、輸配送や倉庫を中心とした物流機能は既に「稀少資源」となりつつあります。サステナビリティを確実に継続するために、物流をいかに効率的に運営するか・いかに少ないリソースを融通して使い合うかという観点がこれまで以上に求められてくることは間違いないでしょう。

　物流＝モノを動かす、という行為は、人類が社会生活を営んでいく上でなくなることは決してありません。情報技術が発達し、かなりの部分が自動化に置き換わっていくことは想定できますが、最終的には「人が作ったモノを人が受け取る」という行為は変わらないと思います。

　この本質を忘れないようにしつつ、物流・ロジスティクスの変化をキャッチアップしていくことが、今後とも求められることでしょう。

【監修者紹介】

株式会社日本能率協会コンサルティング（JMAC）

　日本能率協会コンサルティングは、1942年に設立された日本初の経営コンサルティングファーム。戦略・R&D・生産・オペレーション・IT等、日本内外の企業に対し、年間1,200以上のコンサルティングプロジェクトを展開する総合コンサルティングファーム。
　特に製造業支援に強みを持つ。

＜本社＞
　〒105-0011　東京都港区芝公園3-1-22　日本能率協会ビル7階
＜国内外拠点＞
　中部オフィス（名古屋）、関西オフィス（大阪）、北陸オフィス（富山）、中国・四国オフィス（広島）、九州オフィス（福岡）、JMAC China（上海）、JMAC Thailand（バンコク）
＜関係会社＞
　株式会社クロスオーバー

【編著者紹介】

株式会社日本能率協会コンサルティング　代表取締役社長　　小澤勇夫

【著者紹介】

生産コンサルティング事業本部
サプライチェーンデザイン＆マネジメントユニット
　　　　シニアコンサルタント　　広瀬卓也
　同　チーフコンサルタント　　沼田千佳子
　同　チーフコンサルタント　　刈谷優孝
　同　コンサルタント　　三鍋遼大
　同　コンサルタント　　篠原暁
　同　コンサルタント　　千葉大志
SX事業本部
サステナビリティ経営推進センター
　　　　シニアコンサルタント　　茂木龍哉
　同　チーフコンサルタント　　河合友貴
シンクロノス　イノベーションユニット
　　　　シニアコンサルタント　　武田啓史

複雑な課題を解決するための
物流トータル・マネジメントの基礎

2024年1月30日　初版発行

監　修	株式会社 日本能率協会コンサルティング
編　者	小澤勇夫
著　者	広瀬卓也、沼田千佳子、刈谷優孝、三鍋遼大、篠原暁、千葉大志、茂木龍哉、河合友貴、武田啓史
発行者	大坪克行
発行所	株式会社 税務経理協会 〒161-0033東京都新宿区下落合1丁目1番3号 http://www.zeikei.co.jp 03-6304-0505
印　刷	美研プリンティング株式会社
製　本	牧製本印刷株式会社
デザイン	株式会社グラフィックウェイヴ
編　集	野田ひとみ

 本書についての
ご意見・ご感想はコチラ

http://www.zeikei.co.jp/contact/

ISBN 978-4-419-06919-3　C3032